Los cuáqueros

Una fascinante guía sobre un grupo históricamente cristiano y cómo William Penn fundó la colonia de Pensilvania en la América del Norte británica

© Copyright 2021

Todos los derechos reservados. Ninguna parte de este libro puede ser reproducida de ninguna forma sin el permiso escrito del autor. Los revisores pueden citar breves pasajes en las reseñas.

Descargo de responsabilidad: Ninguna parte de esta publicación puede ser reproducida o transmitida de ninguna forma o por ningún medio, mecánico o electrónico, incluyendo fotocopias o grabaciones, o por ningún sistema de almacenamiento y recuperación de información, o transmitida por correo electrónico sin permiso escrito del editor.

Si bien se ha hecho todo lo posible por verificar la información proporcionada en esta publicación, ni el autor ni el editor asumen responsabilidad alguna por los errores, omisiones o interpretaciones contrarias al tema aquí tratado.

Este libro es solo para fines de entretenimiento. Las opiniones expresadas son únicamente las del autor y no deben tomarse como instrucciones u órdenes de expertos. El lector es responsable de sus propias acciones.

La adhesión a todas las leyes y regulaciones aplicables, incluyendo las leyes internacionales, federales, estatales y locales que rigen la concesión de licencias profesionales, las prácticas comerciales, la publicidad y todos los demás aspectos de la realización de negocios en los EE. UU., Canadá, Reino Unido o cualquier otra jurisdicción es responsabilidad exclusiva del comprador o del lector.

Ni el autor ni el editor asumen responsabilidad alguna en nombre del comprador o lector de estos materiales. Cualquier desaire percibido de cualquier individuo u organización es puramente involuntario.

Tabla de contenidos

INTRODUCCIÓN: LOS ORÍGENES DE LOS CUÁQUEROS 1

CAPÍTULO 1: LOS CUÁQUEROS LLEGAN A ESTADOS UNIDOS 5

CAPÍTULO 2: WILLIAM PENN LLEGA A LA FE CUÁQUERA 12

CAPÍTULO 3: EL EXPERIMENTO SAGRADO DE WILLIAM PENN 21

CAPÍTULO 4: WILLIAM PENN, PENSILVANIA, Y SU LEGADO CUÁQUERO 31

CAPÍTULO 5: EL ESTADO DE LOS CUÁQUEROS DESPUÉS DE WILLIAM PENN 40

CAPÍTULO 6: VIDA CUÁQUERA DURANTE LA REVOLUCIÓN AMERICANA 47

CAPÍTULO 7: UNA ÉPOCA DE GRAN AJUSTE..54

CAPÍTULO 8: LOS CUÁQUEROS DE LA GUERRA CIVIL Y SUS SECUELAS 60

CAPÍTULO 9: MOVIMIENTOS MODERNOS EN CIERNES 71

CONCLUSIÓN: EL ESTADO DEL CUÁQUERO..83

VEA MÁS LIBROS ESCRITOS POR CAPTIVATING HISTORY 87

APÉNDICE A: MÁS LECTURAS Y REFERENCIAS 88

Introducción: Los orígenes de los cuáqueros

Los cuáqueros, conocidos por sus creencias religiosas austeras y sus fuertes convicciones sociales, fueron en gran medida producto de la guerra civil inglesa. Pero los orígenes de este movimiento se remontan aún más lejos, hasta el año 1625.

En 1625 Carlos I llegó al trono en Inglaterra, y trajo la discordia al reino. Gran parte de esta disputa tuvo que ver con la religión y el Estado. Carlos I creía que no debía ser interrogado por el Parlamento, ya que creía que Dios le había dado el derecho a reinar sobre su pueblo. Pero desde la firma de la Carta Magna en 1215, que limitaba el poder del monarca inglés, los días de autoridad absoluta sobre el reino habían terminado.

En 1640, el rey Carlos había desarrollado una relación cada vez más antagónica con el Parlamento británico. Carlos I estaba harto de los miembros del Parlamento, a quienes consideraba como obstructores de su política. Y también estaba molesto porque sentía que existía un fuerte resentimiento hacia él tras haberse casado con una mujer española de origen católico. Inglaterra se había vuelto cada vez más protestante, y una cepa virulenta de sentimiento anticatólico corrió desenfrenadamente a través de las islas británicas.

El rey Carlos I estaba tratando de poner fin a una rebelión en Escocia en ese momento, y miembros del Parlamento para aprobar los impuestos necesarios para recaudar dinero para esta acometida. El Parlamento se desentendió y comenzó a insistir en que el rey Carlos I debía limitar aún más el alcance de su autoridad. Para un rey como él, que creía que la voluntad de Dios era que él gobernase, esto supuso un insulto. Perdió la paciencia y trató de que algunos de sus opositores fueran arrestados.

Estos miembros del Parlamento fueron notificados con anticipación y lograron llegar a un acuerdo antes de que el rey pudiera ponerlos entre rejas. Después, dos facciones se levantaron —una leal al rey y la otra al Parlamento— y se enfrentaron entre sí. La sociedad inglesa estaba lo más fracturada posible, con ciudadanos y militares atrincherados en los dos lados.

Mientras que las facciones británicas de los parlamentarios y fieles al rey lucharon por qué tipo de constitución y gobierno iba a tener Gran Bretaña, en los círculos religiosos se debatían otras cuestiones. Anteriormente, la Iglesia de Inglaterra había dominado todos los asuntos religiosos, pero con la caída de la monarquía de puño de hierro, pudo hacerse la primera reforma religiosa real en Inglaterra.

En esta coyuntura nacieron los cuáqueros en las Tierras medias orientales de Inglaterra. El primer caso bien documentado de movimientos cuáqueros parece haber ocurrido en 1647. Ese año George Fox entró con fuerza llevando la bandera cuáquera. Él fue una de las muchas personas que se desilusionó con la doctrina oficial de la Iglesia de Inglaterra durante este período.

Fox también supuestamente tuvo algunas experiencias visionarias en las que fue persuadido de que se podía lograr una «experiencia directa de Cristo» fuera de la doctrina oficial de la Iglesia de Inglaterra. Fox llevó sus creencias al pueblo y comenzó a predicar su mensaje por toda Inglaterra, así como en Holanda e incluso en Barbados, que era una colonia británica en ese momento. Por estas acciones, Fox fue finalmente arrestado por «blasfemia religiosa».

Durante su interrogatorio por las autoridades George Fox citó las Escrituras del Libro de Isaías y aconsejó a sus acusadores que temieran a Dios y «se estremecieran ante la palabra del Señor». Fox fue ridiculizado rotundamente por sus palabras y posteriormente fue apodado como «cuáquero» por este consejo. Esta palabra comenzó como un término peyorativo contra el líder del movimiento, pero los seguidores de Fox pronto abrazaron esta definición y la hicieron suya. Más tarde se renombrarían a sí mismos como Sociedad de Amigos, pero el apodo de «cuáquero» seguiría siendo su tarjeta de visita definitiva.

A principios de 1652, el grupo había ganado un impulso significativo y había adquirido algunos emisarios poderosos como James Nayler y Richard Farnsworth. Richard Farnsworth se convertiría en la mano derecha de Fox cuando se trataba de evangelismo. Sin embargo, Fox se separó de Farnsworth en el verano de 1652, cuando Fox participó en una campaña de remoción por todo el norte de Inglaterra. Fue un evangelista incansable, e incluso cuando fue «golpeado con piedras en Walney Island», una región frente a la costa oeste de Inglaterra, en septiembre de 1652, se enfrentó fielmente a sus agresores.

En 1654, después de pasar dos años vagando por el campo, Fox se dirigió a Londres, donde estaba listo para extender la fe cuáquera a aquellos que acudían a la ciudad. La fe se expandiría enormemente desde aquí, y como resultado de las muchos sermones de Fox y sus amigos, al final de la década, los cuáqueros se numeraban en decenas de miles. Sin embargo, a medida que su popularidad creció, también lo hizo su persecución.

Muchos cristianos seguidores de la tradición principal veían a los cuáqueros como una secta peligrosa, tanto que presionaron al Parlamento británico para que aprobara la Ley Cuáquera de 1662. Este reglamento estableció la forma prescrita de oración y adoración designada por el Estado como la única válida y dejó fuera las tradiciones de los cuáqueros. Incapaces de ganar aceptación en

Inglaterra, pronto abandonarían su lugar de origen y probarían suerte en los Estados Unidos.

Capítulo 1: Los cuáqueros llegan a Estados Unidos

Dios me mostró, para que viera con claridad, que él no moraba en estos templos que los hombres habían mandado y establecido, sino en el corazón de la gente. Su pueblo era su templo, y él habitaba en ellos.

–George Fox

La primera ola de cuáqueros desembarcó en Estados Unidos en la década de 1650. La primera llegada documentada de un cuáquero fue una mujer llamada Elizabeth Harris, que llegó al área de la bahía de Chesapeake alrededor del año 1655. Se dice que había «dejado atrás a su marido y a su hijo en Inglaterra» con el fin de «evangelizar el remanente puritano» que permanecía en la región. Los puritanos no siempre tomaron con demasiada amabilidad estos intentos de evangelización. Con el paso de los años, estos dos mundos religiosos seguirían colisionando, ya que uno intentaría convencer al otro de su superioridad ideológica. Y en esta lucha, hay que decir que fueron los puritanos los que sacaron los dientes.

Mientras los cuáqueros trataban de persuadir a sus vecinos puritanos con su predicamento, los puritanos trataban de reducir a los cuáqueros a través de la fuerza. Hay una razón por la que la palabra «puritano» ha llegado a referirse a alguien o algo que es inflexible en sus creencias.

Irónicamente, los puritanos fueron perseguidos inicialmente en Inglaterra por separarse de la fe anglicana. Sin embargo, tan pronto como llegaron al Nuevo Mundo y establecieron sus propios enclaves, los puritanos perseguidos rápidamente se convirtieron en los perseguidores. Intentaban acabar con cualquier creencia que veían como herética según su particular sentimiento del cristianismo.

Sin embargo, los cuáqueros estadounidenses, como Elizabeth Harris, no iban a ser aplacados por los puritanos tan fácilmente. Harris resultó ser una evangelista bastante convincente, y a pesar de cualquier opresión puritana, consiguió convencer a muchas personas para ser fuertes conversos. Incluso logró persuadir a un hombre notable de la comunidad llamado Thomas Marsh para unirse a los cuáqueros, que, a su vez, convirtió a toda su familia a esta religión, creando un bastión de cuáqueros en su pequeño asentamiento de Marsh's Seat. Pero quizás el más significativo de sus conversos fue William Fuller, quien fue miembro del consejo del gobernador en Maryland. Fue esta adhesión de miembros prominentes de la comunidad lo que originó una creciente hostilidad contra la naciente comunidad cuáquera.

En 1656, mientras Elizabeth Harris estaba teniendo mucho éxito evangelizando a los lugareños, dos nuevos cuáqueros llegaron de Gran Bretaña y comenzaron a probar suerte. Eran Mary Fisher y Ann Austin. Estas dos mujeres predicaron por todo Massachusetts, con la esperanza de ganar corazones y mentes, pero las figuras de autoridad prevalecientes de Boston, Massachusetts, les cerraron el paso bastante rápido.

Las mujeres fueron detenidas por sus esfuerzos. Sus libros cuáqueros fueron examinados de cerca para ver si mostraban signos de brujería y más tarde quemados. Después de todo, Massachusetts era la colonia en la que los infames juicios de brujas de Salem tendrían lugar entre 1692 y 1693. La idea de que alguien fuera una bruja y trabajara para el diablo no era motivo de risa para los puritanos, y casi cualquiera que predicara una doctrina diferente a la que estaban acostumbrados se convertía inmediatamente en alguien sospechoso.

No está claro si creían que estas dos mujeres eran brujas o no, pero poco después, ambas fueron enviadas a Barbados, una isla en el Caribe. Se las desterró en el asentamiento británico más remoto del hemisferio occidental en ese momento. Inmediatamente la legislatura provincial aprobó una ley que se negaba a permitir a los cuáqueros el acceso a su territorio. También multaron a los capitanes de barcos que tuvieran la audacia de simplemente traer a un cuáquero proselitista a sus costas.

Los nuevos conversos entre los colonos fueron igualmente maltratados. Si se conocía que un vecino había aceptado la religión cuáquera, se enfrentaba a que le quitaran sus tierras y a ser exiliado de la comunidad. A veces incluso corrían el riesgo de perder a sus hijos. En un caso, un par de niños cuáqueros fueron amenazados con ser desterrados a Barbados, donde serían obligados a ser esclavos. La única razón por la que este castigo no fue cumplido fue simplemente porque las autoridades coloniales no pudieron adquirir un barco dispuesto a aceptar su oferta. Como todas estas medidas draconianas tomadas por los líderes coloniales parecen indicar, los cuáqueros eran ahora oficialmente *persona non grata*. Y en 1660, la misma persecución que los cuáqueros habían dejado en Inglaterra llegó a casa para dormir en las colonias británicas de Maryland y Massachusetts, esta vez con venganza.

Fue en Massachusetts donde la evangelista cuáquera Mary Dyer recibió una sentencia de muerte por su fe. El 1 de junio de 1660 fue ejecutada bajo la autoridad del gobierno bostoniano por atreverse a hacer proselitismo en Boston. Justo antes de ser ejecutada, a Mary le dijeron que sería puesta en libertad si simplemente daba su palabra de que se iría y nunca regresaría.

Hubo dos problemas con esta solicitud. El primero es que los cuáqueros no juran hacer nada, y el segundo es que Mary Dyer preferiría morir antes que renunciar a predicar a la gente de Massachusetts. Ella respondió fácilmente: «No, no puedo, porque vine en obediencia a la voluntad del Señor Dios, y en su voluntad me quedo fiel esperando la muerte». Con su fallecimiento, María logró enviar señales de fortaleza por todas las colonias, y se comenzó a prestar mayor atención a los cuáqueros que si simplemente se hubieran limitado a predicar en paz.

Tanto es así que, en 1661, esta acción provocó una respuesta de nada menos que del rey de Inglaterra, Carlos II, quien, en una repentina demostración de compasión, prohibió expresamente que cualquier persona en la colonia de la bahía de Massachusetts dictara penas de muerte a los «cuáqueros profesos». Sin embargo, a pesar de los esfuerzos para hacer cumplir esta norma de tolerancia, a menudo se trataba a los cuáqueros con absoluto desprecio. Fueron duramente criticados por su negativa a mostrar deferencia a las figuras de autoridad, así como por tener creencias religiosas que otros en la comunidad consideraban heréticas.

Mientras tanto, de vuelta en Inglaterra, George Fox y sus compañeros amigos británicos comenzaron a utilizar la ley legal británica para garantizar aún más su libertad de religión. Hicieron apelaciones y señalaron lagunas en la ley en lo que respecta a los casos de cuáqueros que habían sido encarcelados. Los cuáqueros incluso pidieron audiencias con el propio rey para pedir indultos para los detenidos.

A pesar de que se habían logrado medidas más tolerantes, la sociedad británica todavía creía que los cuáqueros eran una presencia extraña. La sociedad británica ya había sufrido muchas revueltas en los últimos años, y no se necesitaba mucho para que grupos marginales, como los cuáqueros, fueran percibidos como una amenaza potencial para el orden social. Por esta razón George Fox escribió su famoso *Testimonio de Paz* en 1661.

Este testimonio épico expuso la intención cuáquera de vivir pacíficamente con sus vecinos y trató de limpiar el nombre cuáquero de cualquier «acusación de complot y lucha y demostrar su inocuidad [sic]». El testamento continuó afirmando lo siguiente: «Negamos rotundamente todos los principios y prácticas sangrientos, las guerras externas y luchas y combates [sic] con armas externas, para cualquier fin o bajo cualquier pretensión en absoluto».

Este documento no solo ayudó a calmar algunos nervios británicos, sino que también estableció la primera directiva que los cuáqueros seguirían en los siglos venideros. Con este tratado, George Fox dejó absolutamente claro a sus seguidores que los cuáqueros necesitaban estar por encima de los combates cuando se trataba de actos violencia de cualquier tipo. Si había alguna duda entre la Sociedad de Amigos sobre si el pacifismo reinaría o no, la respuesta había quedado clara ahora, como si estuviera escrita en piedra.

El pacifismo no fue lo único que el testimonio cuáquero consagró. También representó un punto de inflexión, ya que se alejaba del pasado más radical. Anteriormente, los cuáqueros, galvanizados por un George Fox más joven, habían predicado con entusiasmo la inminente llegada de los tiempos finales. Y como cualquier grupo religioso que pensara que el final estaba cerca, trataron de transmitir su mensaje a toda costa, incluso si eso significaba interrumpir beligerantemente las celebraciones de otras religiones.

Una de las actividades más extrañas de los primeros cuáqueros fue su inclinación por irrumpir en la iglesia de otras congregaciones para proclamar su evangelio mientras que los presbiterianos, metodistas, luteranos o puritanos estaban en medio de su sermón. Esta medida no generó mucha simpatía por los cuáqueros, pero estos actos radicales se acabaron con el *Testimonio de Paz* de George Fox.

Los cuáqueros que llegaron después de las directrices de Fox se volvieron mucho más pragmáticos en su acercamiento al predicamento. Al igual que otras sectas religiosas que pasaron de ser un estatus de culto a formar parte de la corriente principal, los cuáqueros se organizaron más. Ya no esperaban un Armagedón inminente, sino que se centraron en un crear un plan estratégico y a largo plazo para el evangelismo.

Fue durante este período cuando los cuáqueros dieron forma oficial a sus propias reuniones religiosas. Se determinó que se reunirían «mensualmente, trimestral y anualmente». Estas reuniones se denominarían «juntas». El concepto de tener reuniones mensuales, trimestrales y anuales todavía se practica entre los cuáqueros fieles hasta el día de hoy.

De vuelta en los estados, los cuáqueros continuaron manteniendo una fuerte presencia en el sur de Maryland, así como en Salem, Massachusetts. También estuvieron presentes en la colonia holandesa de Nueva Holanda (más tarde Nueva York). Los cuáqueros inicialmente se enfrentaron a la persecución de los holandeses, pero a principios de la década de 1660, el gobierno holandés ordenó al pueblo no molestarles siempre y cuando «permanecieran en paz». Esta política fue entonces continuada por los británicos cuando tomaron el control de la colonia en 1664.

Cuando esta aceptación general se solidificó, el fundador de la fe cuáquera, George Fox, zarpó hacia las Américas el 11 de agosto de1671. Aunque diseñó el viaje como una gran gira, Fox fue básicamente allí para comprobar el estado los cuáqueros y asegurarse de que las diversas organizaciones eran sólidas. Fox, junto con su mano derecha, William Edmundson, llegó por primera vez a la isla caribeña de Barbados en octubre de 1671.

Fue aquí donde Fox volvió a interpretar el papel de apologista cuáquero. Desde que las tensiones entre la población esclava habían comenzado a estallar, Fox envió una carta al coronel Christopher Codrington, el gobernador de la isla, asegurándole que los cuáqueros no estaban incitando intencionalmente a rebeliones de esclavos. La animosidad que los propietarios de plantaciones sentían hacia los cuáqueros se debía en gran medida al hecho de que los cuáqueros predicaban tanto a las poblaciones libres como a las de esclavos de la isla.

Fox terminó reuniéndose con el gobernador en persona, y se dice que el encuentro salió bien. Fox informaría más tarde de que «fueron tratados muy civil y amablemente». Sin embargo, Fox se negó a dejar de predicar y tender la mano a los africanos esclavizados en la isla. Mientras trataba de calmar los nervios del gobernador de la isla, instruyó a los fieles cuáqueros a seguir «llevando a los esclavizados a las reuniones para educarlos». También instó a los dueños de esclavos a «tratarlos con suavidad y no usar la crueldad».

No pasó mucho tiempo antes de que la gente que dirigía la plantación comenzara a quejarse de que Fox y sus amigos estaban «rabiosos y agitados». Fox pronto dejó Barbados y, después de una breve temporada en Jamaica, se fue al continente que se convertiría en los Estados Unidos, navegando hasta Maryland. Como se mencionó, los cuáqueros ya tenían una fuerte presencia en Maryland, y George Fox estaba decidido a capitalizarlo.

Allí reunió a todos los líderes cuáqueros locales y participó en una serie de reuniones que tuvieron lugar en el transcurso de cuatro días. La gran gira de George Fox llegó a su fin en el verano de 1673, cuando finalmente regresó en barco a Gran Bretaña, confiando en que las muchas semillas que había plantado en el Nuevo Mundo echarían raíces.

Capítulo 2: William Penn llega a la fe cuáquera

¿Creemos en un ajuste de cuentas y un juicio final o pensamos lo suficiente en lo que creemos? ¿Permitiríamos amar más la religión que a nosotros mismos? Ya que la religión misma no es otra cosa que el amor a Dios y al hombre. Porque donde no hay amor; hay miedo. Pero el amor perfecto genera miedo. El amor está por encima de todo; y cuando prevalezca en todos nosotros, seremos amables, y estaremos enamorados de Dios y de los otros.

 –William Penn

Los cuáqueros habían conseguido poder en Maryland, pero Pensilvania se convertiría en el verdadero bastión de la fe. Pensilvania fue fundada por William Penn, quien se hizo cargo de la región a través de una subvención real que se le otorgó en 1681. Con este mandato real, Penn pasaría a crear un gobierno en Pensilvania que no solo abrazaría la libertad religiosa que los cuáqueros anhelaban, sino también muchas de las otras libertades estadounidenses esenciales que Estados Unidos desearían algún día.

El mismo Penn llegó a la fe cuáquera cuando era joven. Su primer encuentro con los cuáqueros ocurrió cuando tenía solo trece años. Su padre, el almirante Penn, hizo que un amigo cuáquero llamado Thomas Loe fuera a su casa y predicara a su familia. Este parece haber sido el primer estímulo que tendría consecuencias duraderas para el hijo del almirante.

Como la mayoría de los británicos en ese momento, el almirante Penn era un miembro de la Iglesia de Inglaterra. Sin embargo, todavía era lo suficientemente abierto como para escuchar el punto de vista y las creencias de otras personas. Durante esta sesión, el hijo del almirante Penn, William Penn, tuvo una muestra de la religión y admiró su fe. Nunca olvidaría las palabras que el señor Loe predicó aquel día.

Tuvo conocimiento de la luz interior que los cuáqueros afirmaban que habitaba en todos los seres humanos, lo que les permitía tener un canal directo de comunicación con Dios. Según los principios cuáqueros, todos tenemos esta luz divina dentro de nosotros que podemos aprovechar en cualquier momento. Este concepto era impensable para alguien que había crecido creyendo que había una separación entre el hombre y su creador.

Loe enseñó que esta línea directa de contacto hacía que predicadores, iglesias, sacramentos y cualquier otro ritual fuera completamente innecesario. No había necesidad de un intermediario de ningún tipo. Según Loe, todo lo que uno tenía que hacer era calmarse y consultar la luz interior en su interior. Al hacer esto, estarían en comunión directa con su propio creador. William Penn estaba absolutamente absorto por lo que había oído y las semillas del cuáquero fueron plantadas en el niño.

La idea de que uno podía tener tanta fuerza y estabilidad dentro de sí mismo era ciertamente atractiva teniendo en cuenta los tiempos tumultuosos que se vivían. Inglaterra estaba en plena inestabilidad política. La nación había sufrido una guerra civil, y de 1653 a 1658, estaba siendo controlada por un exgeneral convertido en dictador: Oliver Cromwell.

Oficialmente conocido como lord Protector, Cromwell había usurpado el poder del depuesto rey Carlos II, con quien el padre de William Penn había mantenido una relación en buenos términos. Sin embargo, a pesar de la pérdida de este benefactor real, el almirante Penn encontró su apoyo en Cromwell, quien lo convirtió en contraalmirante de los mares irlandeses, así como vicealmirante al mando de la Tercera flota de Inglaterra. En 1653, el viejo Penn fue nombrado general del Mar, un papel que llevó con distinción.

Sin embargo, la suerte del almirante Penn comenzó a cambiar y al cabo de pocos años fue arrojado a un horrible mazmorra conocida como la Torre de Londres. ¿La razón? Se creía que de alguna manera estaba confabulado con el depuesto rey Carlos II. El almirante Penn solo estuvo encarcelado durante unas cinco semanas, pero el incidente dejaría una huella duradera tanto en él como en su familia.

Fue después de su liberación y su regreso a su casa en Irlanda, llamada castillo de Macroom, cuando el almirante invitó al pastor cuáquero Thomas Loe a decir una o dos palabras. Teniendo en cuenta las circunstancias, la familia Penn tal vez tenía buena disposición para escuchar el conmovedor mensaje que este cuáquero transmitió. La idea de que la luz interior de Dios descansaba en todos y no podía ser arrebatada por déspotas tiránicos debió de haber sido atractiva. Y el joven Penn nunca olvidó el sermón dado por Loe ese día, ya que mantuvo este precioso momento en su corazón.

Varios años más tarde, en 1667, después de que Cromwell había sido destituido y el rey Carlos II había sido restaurado al trono, el ahora adulto William Penn escuchó que el mismo pastor cuáquero estaba de vuelta en la ciudad celebrando una reunión. El corazón de William Penn debió de agitarse con buenos recuerdos de aquel día en castillo de Macroom porque no dudó en asistir.

Penn aparentemente destacó desde el principio debido a su vestido aristocrático. Todos los cuáqueros llevaban ropa sencilla, mientras que Penn apareció engalanado. ¿Quién era ese joven de aspecto rico que se había atrevido a asistir a una reunión de la Sociedad de Amigos? Las reuniones cuáqueras en ese momento eran ilegales, y cualquier persona presente estaba sujeta a arresto. Penn corría peligro solo por asistir.

William Penn tenía muchos compromisos en ese momento. Hijo de un almirante británico, había sido preparado para las asuntos más elevado de la sociedad británica. La idea de visitar a un grupo tan marginal habría sido vista por la mayoría de sus compañeros como una locura. Tenía mucho que perder si era asociado con los cuáqueros, sin embargo, William Penn no pudo evitar sentirse obligado a revisar la doctrina cuáquera que había agitado su alma cuando era niño.

William Penn de hecho estaba tomando un riesgo, y la precariedad de su situación pronto se demostró cuando las autoridades locales decidieron disolver la reunión. Alguien debió de haber avisado a los lugareños porque esta junta en particular se interrumpió cuando uno de los soldados del rey entró.

Es interesante notar que solo hizo falta un hombre para disolver la reunión. Dado que se sabía que los cuáqueros no eran violentos su único ejecutor contaba con el hecho de que los fieles cuáqueros no se resistirían a sus órdenes. Los cuáqueros, que efectivamente evitaban acciones violentas de todo tipo, no hicieron nada para impedir el avance del intruso.

Penn, que aún no era cuáquero, se apresuró a saludar al soldado. Esta figura de autoridad sin duda se sorprendió al ver a un joven finamente vestido —alguien que parecía ser de nobleza— acercarse corriendo a él para saludarlo. William Penn se apoderó del hombre y parecía estar listo para combatir, antes de que algunos de los cuáqueros lograran convencerle para que lo dejara ir.

Pero si William Penn o sus amigos cuáqueros pensaron que el ejecutor del gobierno simplemente se encogió de hombros tras el incidente y se olvidó de él, se equivocaron. El hombre se fue solo para regresar poco después con más tropas. Esta vez, no había nada que Penn pudiera hacer. Él y todos los cuáqueros que estaban en la reunión fueron detenidos para responder a un magistrado de la corte.

Después de ser liberado de la cárcel, William fue convocado por su padre para explicar lo que estaba pasando. Cuando Penn apareció con un amigo cuáquero en remolque —Josiah Coale, un hombre que era un conocido por su ira entre los no cuáqueros—, el almirante Penn solo se puso más nervioso. Deseando hablar con su hijo a solas le llevó a un lado y comenzó a interrogarle sobre lo que estaba haciendo.

Su padre se ofendió incluso por la forma de hablar de William Penn, ya que había adoptado el hábito cuáquero de referirse a todos como *thee* and *thou* (un uso informal para dirigirse a una persona similar al «tú»). Los cuáqueros hacían esto con el fin de negar cualquier reconocimiento de rango o estatus entre las personas. Los cuáqueros creían (y todavía creen) que todos eran iguales, ya que todos tenían la misma chispa de luz divina dentro de ellos, y se negaron a hacer referencia a cualquier sentido de estatus superior.

En el vernáculo inglés antiguo de la época, los términos *thee* and *thou* se usaban para hablar con plebeyos o jóvenes, mientras que el término *you* (usted) se usaba cuando se dirigía a los ancianos, especialmente aquellos que tenían posiciones sociales de alto rango, como fue el caso del almirante Penn. El padre le reprochó esta actitud diciéndole que «debía usar *you* (usted) para hablar con personas mayores o personas de alto rango».

Su hijo tenía veinte años en este momento, pero el almirante Penn debió sentir que de repente estaba corrigiendo a un niño de cinco años. La sociedad inglesa sabía que no se debía faltar al respeto a sus mayores de esa manera. Pero la elección de las palabras de William Penn no se debió a la falta de educación o a la intención de faltar al respeto intencionalmente a nadie; simplemente había sido iluminado por la opinión cuáquera de que todos debían ser iguales bajo Dios, sin distinción alguna.

William Penn se lo explicó a su padre. Mientras su anciano frustrado escuchaba, William predicó acerca de cómo Dios «no respetaba a las personas», y al igual que Dios no reconocía estatus ni rango, él y sus hermanos cuáqueros tampoco mostraban tal distinción. El almirante Penn, sin embargo, no estaba muy contento por la repentina epifanía espiritual que su hijo estaba teniendo.

Cuando el almirante Penn supuso que su hijo quería convertirse en cuáquero, inmediatamente se opuso a ello. Resulta bastante irónico que el almirante Penn era quien había introducido a su hijo en la fe cuáquera. Pero se disgustó cuando la semilla que había plantado finalmente echó raíces. El almirante Penn, que deseaba que su hijo fuera un noble exitoso y no un fanático cuáquero, le explicó su decepción y le pidió que abandonara el patrimonio familiar. William fue esencialmente expulsado de la casa.

Sin desanimarse, Penn continuó con sus creencias. El hecho de que su padre lo alejara de la finca familiar solo le reafirmó más en la fe de los cuáqueros. A partir de este momento, William vivió y respiró el cuáquero. No solo fue a reuniones cuáqueras, sino que también vivió con ellos. Si era necesario, estaba dispuesto a ir a la cárcel. Durante este período, incluso escribió tratados religiosos para la fe.

Uno de ellos, titulado *The Sandy Foundation Shaken,* cayó como un jarro de agua fría en la Iglesia de Inglaterra. El tratado critica los pilares básicos de su doctrina. Cuando llegó a manos del obispo de Londres en 1668 se indignó y pidió que William Penn fuera arrestado. Por este pequeño tratado simple, que criticaba a la Iglesia de Inglaterra, William Penn fue encarcelado en la Torre de Londres.

Esta torre había servido como cárcel para todo tipo de disidentes. Estas personas fueron cruelmente torturadas y, a veces, ejecutadas. No era un buen lugar para William Penn. Sin embargo, cuando Penn tuvo la oportunidad de renunciar a su fe cuáquera y ser liberado, se mantuvo firme y proclamó: «Mi prisión será mi tumba antes de que moverme un ápice de mis creencias».

Sin embargo, desde la perspectiva de la tradición fundada por George Fox, William había escrito un tratado apologista, en el que aclaraba sus puntos de vista y negaba haber injuriado intencionalmente a la Iglesia de Inglaterra, rechazando a Cristo o menospreciando al rey. Esto fue aparentemente suficiente para que el rey Carlos II, que estaba en buenos términos con el padre de Guillermo, le liberara de la Torre de Londres el 28 de julio de 1669.

Ese año fue bastante significativo para el rey Carlos II, ya que forjó su infame ministerio de la Cábala (o del CABAL). Se trataba de un consejo especial formado por sus asesores de confianza. El nombre CABAL proviene de la primera letra de cada uno de los nombres de los miembros: Clifford, Arlington, Buckingham, Ashley y Lauderdale.

Fue con este grupo de asesores con el que el rey Carlos II impulsó sus políticas. Debido a la naturaleza tumultuosa del gobierno británico en ese momento, necesitaba este consejo especial para ayudarle a conseguir sus objetivos. A pesar de que Carlos II era el rey, tenía que negociar como cualquier otro sus propuestas.

Carlos II, que en secreto era católico, era constantemente visto con recelo por sus compañeros protestantes. Vigilaban cualquier movimiento que hacía. Incluso el simple acto de liberar a William Penn fue recibido con duras palabras y críticas a espaldas del rey. Muchos sintieron que estaba perdiendo su tiempo con un reprobado religioso que nunca cambiaría sus costumbres.

Y por supuesto, un mes después, Penn escandalizó a las autoridades una vez más. El 14 de agosto fue encontrado predicando en la calle a un gran grupo de personas. El sermón fue interrumpido rápidamente cuando los soldados llegaron a la escena. William Penn fue arrestado y acusado de «predicar sediciosamente y causar caos».

Durante este período en la cárcel, la principal queja de William fue aparentemente causada por una entrevista en la que el alcalde hizo comentarios despectivos sobre su padre, el almirante Penn. Desde su celda, William escribió a su padre explicando que si bien «podía soportar duras palabras contra sí mismo», no aguantaría que se abusara verbalmente a su padre. Al parecer, el alcalde había rescatado viejas críticas, como que su padre era un pobre capitán de barco y que «había matado de hambre a sus marineros», entre otros insultos.

Tales comentarios mezquinos estaban destinados a irritar a William Penn en lugar de herir al viejo almirante. Y parecieron funcionar. De todas las indignidades que sufrió William Penn, nada pareció agitarlo más que ver a su padre siendo denigrado así. Quizá su reacción de arrodillarse para defender el legado de su progenitor lo inspiró a alcanzar algún tipo de reconciliación con el almirante.

En su carta, Penn escribió a su querido padre lo siguiente: «No esté disgustado o afligido. ¿Y si esto fuera diseñado por el Señor para poner a prueba nuestra paciencia? Estoy muy bien y no tengo problemas con mi espíritu, excepto por tu ausencia».

Teniendo en cuenta el hecho de que el almirante Penn había sido testigo de una gran transformación en su hijo, todavía era difícil para él procesar lo que estaba sucediendo. Penn, un joven que anteriormente parecía tener un futuro prometedor por delante, de repente estaba siendo arrojado dentro y fuera de la cárcel y se estaba asociendo con aquellos considerados al margen de la sociedad. Su hijo le pidió que «tuviera paciencia», pero el almirante Penn probablemente estaba teniendo que rezar por algo más que un poco de paciencia. Su percepción era que su hijo se había descarriado.

Probablemente el almirante Penn leyó la última frase de esta carta fue con un fuerte suspiro. Porque a pesar de que su hijo afirmaba su amor por su padre, terminaba la misiva con el siempre inquietante pronombre «tu». Si no lo tenía estaba claro antes, debió quedarle absolutamente seguro ahora que su hijo nunca dejaría la fe cuáquera.

Capítulo 3: El experimento sagrado de William Penn

Estamos inclinados a llamar a las cosas por los nombres equivocados. Llamamos felicidad a la prosperidad y miseria a la adversidad, a pesar de que la adversidad es la escuela de la sabiduría y a menudo el camino a la felicidad eterna.

–William Penn

William Penn languideció en prisión durante dos semanas antes de ser enviado a juicio el 1 de septiembre de 1670. Fue juzgado por celebrar una asamblea ilegal y perturbar «la paz». Penn se declaró inocente de todos los cargos. Cuando el juicio se convocó, Penn y sus compañeros cuáqueros quedaron atrapados por la fiscalía por negarse a quitarse sus sombreros. En aquella época, era una cortesía común que alguien se quitara el sombrero cuando estaba dentro de una sala de audiencias. Pero para los cuáqueros, que se negaban a reconocer cualquier distinción de rango o autoridad que no fuera Dios, esto resultaba ser una hazaña imposible.

Los fiscales tomaron nota de este hecho y lo utilizaron como medio de ataque. Muy pronto, los cuáqueros fueron amenazados con fuertes multas judiciales si continuaban insistiendo en llevar sus sombreros. Cuando Penn fue llamado al estrado, entró desafiante. Afirmó que «no se retractaría» y que ni siquiera «validaría» los cargos en su contra, ya que creía que eran injustos.

Penn luego declaró que él y sus colegas cuáqueros tenían el derecho de «predicar, orar o adorar al Eterno, Santo, Dios Justo» sin obstáculos. A continuación, dijo que era su «deber indispensable cumplir incesantemente con una causa tan buena; ni todos los poderes sobre la Tierra podrán desviarnos de venerar y adorar al Dios que nos creó».

La fiscalía parecía sentir que esto era simplemente grandilocuente por parte de Penn e insistió en que no estaba «en juicio por adorar a Dios, sino por violar la ley». Penn negó haber violado ninguna ley y declaró que el jurado necesitaba que se les explicara la ley justa que supuestamente había violado para «saber por qué ley estaba siendo procesado».

Sin querer entrar en su juego, el legislador de la corte simplemente gritó: «¡El Derecho común!». No estaba dispuesto a dar más detalles y afirmó que no podría «examinar tantos casos juzgados según el llamado Derecho común». Penn luego respondió con una astuta respuesta: «Si es común, no debería ser tan difícil de producirse».

Enfurecido, el legislador recurrió a insultos, gritando: «¡Eres un tipo descarado, habla con la acusación!». Sin embargo, Penn fue insistente y dijo: «Hay muchas bocas y oídos contra mí. Repito, a menos que me muestres a mí y a la fiscalía la ley sobre la que fundamentas tu acusación, la daré por sentada y tus procedimientos serán considerados meramente arbitrarios».

El legislador de la corte continuó ignorando el argumento de Penn y se continuó con la pregunta de «si usted es culpable de esta acusación». Pero William Penn continuó discutiendo. «La pregunta no es si soy culpable de esta acusación, sino si esta acusación es legal. Donde no hay ley no hay transgresión». Una acalorada ida y vuelta siguió antes de que el legislador finalmente reprendió a Penn diciéndole: «Señor, usted es un tipo problemático, y el honor de la corte no puede soportar que siga adelante».

Finalmente llegando a su límite, el legislador finalmente pidió que Penn fuera confinado a la parte posterior de la sala mientras el proceso continuaba sin él. Aún así, Penn no se callaba y gritaba desde donde estaba detenido de modo desafiante: «¿Quiénes son mis jueces?». Dirigiendo sus declaraciones al jurado, gritó: «Tú, jurado, toma nota de que no se me ha escuchado».

Hartos, fue en este punto que los funcionarios de la corte decidieron sacar a Penn y sus asociados de la sala por completo y colocarlos en una celda separada mientras el proceso comenzaba sin ellos. Luego se pidió al jurado que dictara un veredicto, pero cuando cuatro de los miembros del jurado se negaron a declarar culpables a los cuáqueros, el tribunal comenzó a amenazar y usar un lenguaje abusivo en su contra. Sin embargo, no importó cuántas veces fueran amenazados, esos cuatro miembros del jurado no se retractaron y no encontraron a Penn y a sus hermanos cuáqueros culpables de ningún crimen.

La fiscalía, enfurecida, decidió retener a Penn y sus camaradas por no pagar las multas impuestas por negarse a quitarse los sombreros en la corte. William Penn sabía que lo más probable es que su padre pagara esta cuota para que pudiera ser liberado, pero William le escribió una carta pidiéndole específicamente que no lo hiciera.

William dijo a su padre: «Te imploro que no compres mi libertad... Prefiero perecer que liberarme por una acción indirecta que sacie sus apetitos vengadores y avariciosos. La ventaja de este tipo de libertad es mayor que la dificultad de aceptar que este mundo inicuo moleste tu mente. Pase lo que pase, espero que se pruebe la inocencia de tu obediente hijo».

El almirante Penn, por supuesto, no se quedó de brazos cruzados y no permitió que su hijo se pudriera en la cárcel, por lo que acudió a su rescate. El almirante no solo rescató a William, sino también a todos sus asociados cuáqueros. Este sería el último acto de benevolencia que el almirante mostraría hacia su hijo, ya que estaba gravemente enfermo y estaba cerca de la muerte, un hecho que el viejo almirante reconoció estoicamente cuando escribió su respuesta a William.

La carta de su padre decía:

Hijo William, si tú y tus amigos continuáis con vuestra manera plana de predicar, y sigues con tu manera de vivir, acabarás con la misión y el sentido del sacerdocio en todo el mundo. Entiérrame cerca de mi madre. Vive guiado por el amor.

Al almirante Penn no le quedaba mucho tiempo, pero su hijo fue liberado justo a tiempo para estar a su lado cuando finalmente falleció el 16 de septiembre de 1670.

William tuvo problemas con bastante frecuencia debido a sus creencias cuáqueras después de la muerte de su padre. Durante este tiempo, también conoció y se enamoró de una mujer que creía firmemente en la fe cuáquera: Gulielma Maria Springett. Era la hijastra de un prominente cuáquero llamado Isaac Penington, hijo del exalcalde de Londres. Gracias a su posición Penington tuvo una gran influencia, y la utilizó para dar forma a la fe cuáquera. William Penn y su nueva novia también siguieron su ejemplo, primero en Inglaterra y luego en lugares mucho más lejanos.

William Penn se involucró por primera vez con el Nuevo Mundo cuando fue abordado en 1675 por un par de cuáqueros que tenían grandes propiedades en lo que entonces se conocía como Nueva Jersey. Pidieron a Penn, que era conocedor de la ley, que forjara una constitución para la región. Este documento, llamado *Concesión y Acuerdo*, esbozaba las libertades religiosas que los cuáqueros deseaban y el tipo de democracia que anhelaban.

En muchos sentidos, esta carta para Nueva Jersey (más tarde Pensilvania) fue precursora de lo que la Constitución de los Estados Unidos. *Concesión y Acuerdo* contiene directrices generales para la comunidad, con una lista adicional de libertades civiles permitidas, que están muy en línea con lo que finalmente se convertiría en la Carta de Derechos de los Estados Unidos. William Penn, que vivió cien años antes de la fundación de los Estados Unidos, no suele ser considerado un padre fundador, pero hay quienes argumentan que debería serlo.

Después de crear este documento, los acontecimientos se desarrollaron bastante rápido. William Penn tuvo que escribir cartas legales para obtener tierras. Algunos de los terratenientes originales comenzaron a vender partes de sus tierras, y Penn recibió algunas de ellas porque era uno de los fideicomisarios interinos. En 1680, el duque de York (que algún día se convertiría en el rey Jaime II) dio aún más posesiones a Penn y algunos de sus asociados cuáqueros. El 4 de marzo de 1681, nada menos que el propio rey Carlos II concedió a William Penn unos 119.139 kilómetros cuadrados de tierra colonial en Estados Unidos.

Fue el rey Carlos II quien decidió cambiar el nombre de la colonia a Pensilvania (Pensylvania en inglés). La denominación provino del nombre de la familia Penn, con la notable adición de «sylvan», que en latín significa «tierra forestal». Según algunos relatos, fue William Penn quien inicialmente se le ocurrió la idea de llamar al lugar Sylvania, pero fue el rey Carlos II quien agregó a Penn delante del término.

No es de extrañar que William Penn, un modesto cuáquero, rechazara inmediatamente que su nombre se adjuntara a la colonia. Al enterarse de ello, se quejó al rey Carlos II, diciéndole: «Temo que el nombre sea visto como una vanidad y no como un respeto al rey, como realmente lo fue para mi padre, a quien a menudo menciona en alabanza». Tratando de pacificar las preocupaciones del cuáquero, el rey desvió inteligentemente los elogios percibidos y le respondió: «Lo mantendremos, mi querido amigo, sino para conmemorar al almirante, a su noble padre».

Por lo tanto, Penn había expresado reservas acerca de tener una colonia que llevara su nombre solo para que el rey básicamente le dijera: «¡Oh! ¿Creíste que estaba nombrando la tierra por ti? ¡No es posible! ¡Lleva el nombre de tu padre!». Si el rey sinceramente estaba nombrando la propiedad en honor al almirante Penn o simplemente quería presentar el asunto de una manera más aceptable para William Penn es una conjetura. Tal vez fue un poco de ambas cosas. El almirante Penn era, después de todo, un hombre respetado, e incluso a William Penn le resultaría difícil rechazar que la colonia fuera nombrada en su honor. Así que, fue con este pequeño cambio de perspectiva que William Penn aceptó permitir que Pensilvania naciera.

Penn había llamado a la tierra Sylvania debido a los enormes bosques que cubrían la región. En aquellos días, Pensilvania era poco más que un bosque boscoso. Fue en este vasto e indómito desierto donde Penn deseaba llevar a cabo un experimento sagrado: plantar y cultivar todos los frutos de la libertad religiosa.

Ahora que William poseía esta tierra, tenía que averiguar cómo gobernarla. Estaba decidido a crear un bastión de libertad y tolerancia. En las colonias circundantes alguien podía ser ejecutado arbitrariamente, como le ocurrió a Mary Dyer en Massachusetts simplemente por ser una cuáquera visitante. Pero Penn se aseguró de que la pena de muerte solo sería promulgada para aquellos que habían sido condenados por asesinato o «alta traición».

En abril de 1681, Penn envió a su primo, William Markham, para que presidiera como vicegobernador de la región, mientras él ataba cabos sueltos en Inglaterra. Markham apareció en las costas de Pensilvania ese verano, pero no vino solo. Llegó armado con una epístola bastante larga de William Penn, que expuso con detalle lo que esperaba que fuera el futuro de Pensilvania. Para entender mejor el pensamiento de Penn, aquí está su directiva escrita en su totalidad:

Mis amigos:

Les deseo felicidad a todos, de aquí y en adelante. Esta carta es para hacerles saber que Dios, en su providencia, ha decidido poneros en mis manos y bajo mi protección. Aunque nunca me había comprometido de esta manera antes, Dios me ha dado una comprensión de mi deber, y una mente honesta para hacerlo con rectitud. Espero que no se preocupen por el cambio y la elección del rey, porque ahora no están sujetos a la merced de ningún gobernador. Os regiréis por las leyes de vuestra propia creación y viviréis en un pueblo libre. Y, si lo deseáis, seréis un pueblo sobrio e industrial. No usurparé el derecho de nadie ni oprimiré a su persona. Dios me ha proporcionado una mejor solución, y me ha dado su gracia para guardarla. En resumen, trataré de cumplir de corazón todo lo que los hombres sobrios y libres puedan desear para la seguridad y la mejora de su propia felicidad; y en cinco meses lo resolveré si le agrada a Dios. Mientras tanto, rezad para someteros a las órdenes de mi adjunto, en la medida en que sean consistentes con la ley, y pasadle esas cuotas (que antes pagabais a la orden del gobernador de Nueva York) para mi uso y beneficio, y así suplico a Dios que os dirija en el camino de la rectitud, y ahí prosperaréis vosotros y vuestros hijos. Soy vuestro verdadero amigo. –William Penn

Si los colonos de la región estaban preocupados por quién tomaría el control, esta declaración no hizo mucho para disipar sus temores. Para promover la tranquilidad, Markham recibió una directiva principal de Penn para mantener relaciones saludables con aquellos que ya llamaban hogar a Pensilvania, las poblaciones nativas americanas locales y los colonos europeos que ya mantenían presencia en la región.

Penn era especialmente consciente de no ofender a los nativos americanos e instruyó a Markham animándole «a ser respetuoso para no ofender a los indios». Este enfoque fue ciertamente bastante único, diferenciando a Penn de sus contemporáneos coloniales. La constitución de Pensilvania también era muy diferente de otras, ya que permitía muchas de las libertades que tendría la futura Constitución estadounidense, como la libertad de prensa, el juicio por jurado y la libertad de religión. Por supuesto, esta última fue crucial para los cuáqueros, ya que habían sido terriblemente perseguidos por su religión durante muchos años. Por lo tanto, tal vez no es de extrañar que Penn instituyó deliberadamente un marco de gobernanza que sería amigable con los cuáqueros. Pensilvania, que destacó en particular por su tolerancia con el cuáquero, también se conocería por ser un refugio para la libertad de religión en general, y se convertiría en un terreno fértil para una amplia variedad de expresiones religiosas en los años venideros.

Aunque William Penn inicialmente gobernó desde lejos, finalmente llegó a Pensilvania el 27 de octubre de 1682. Casi tan pronto como desembarcó, convirtió en su prioridad mantener conversaciones de paz y negociaciones con las poblaciones nativas americanas locales. Los nativos americanos desconfiaban naturalmente de los recién llegados, y con razón. Muchos otros inmigrantes europeos les habían engañado.

Sin embargo, Penn quería dejar claras sus buenas intenciones, y creó el llamado Gran Tratado con los líderes nativos americanos, en el que expresamente declaró que «ninguna tierra les podía ser arrebatada». También trató de convertirse en amigo de los nativos americanos locales que vivían en el área. Penn visitaba sus hogares, comía con ellos, hablaba en su propia lengua e incluso asistía a sus festividades en un esfuerzo por demostrar que no quería hacer daño.

El rey Carlos II advirtió a Penn de que necesitaba permitir la entrada de una «fuerza armada para proteger a los cuáqueros de los indios». William Penn se negó firmemente. Penn le dijo decididamente al rey: «No quiero a ningún soldado». Entonces el rey preguntó: «¿Pero cómo conseguirás tus tierras sin soldados?».

Esta declaración es indicativa de lo que realmente estaba pasando en Pensilvania. Aunque los británicos habían reclamado el territorio, y el rey se lo había entregado a Penn como si fuera el dueño de la tierra, tanto el rey como William Penn sabían que otros ya lo reclamaban. Fue por esta razón que el rey Carlos II sugirió que las tropas armadas eran necesarias para consolidar el control británico sobre el territorio y permitir una mayor expansión.

Pero el hecho de que los nativos americanos hubieran estado allí primero ciertamente no era indiferente para Penn. Y su respuesta demuestra cómo vio toda la situación. Sin pestañear, Penn respondió: «Me refiero a comprarles sus tierras». ¿Comprar tierras a nativos americanos? Esto ciertamente no era lo que el rey Carlos II esperaba oír. Y prácticamente gritó en respuesta: «¿Por qué, hombre? ¡Ya me las has comprado a mí!».

Penn no cuestionó el concepto británico de que el desierto de Pensilvania había sido titulado, hecho y entregado a la monarquía, pero no descartó a los nativos americanos. Penn respondió así: «Sí, sé que lo he hecho, y a un ritmo muy caro también. Hice esto para ganar su buena voluntad, no es que pensara que tenía derecho a sus tierras, compraré los derechos a sus dueños, incluso a los propios indios: al hacer esto, imitaré a Dios en su justicia y misericordia, y espero así asegurar su bendición en mi colonia, si alguna vez debo vivir para cultivar en América del Norte».

Penn demostró el ejemplo perfecto tanto de humildad como de justicia cuáquera. Si establecer Pensilvania en esas tierras había sido una equivocación, William Penn estaba más que dispuesto a hacer las cosas bien. Y sus esfuerzos produjeron algunos resultados bastante inmediatos porque poco después de que Markham explicara sus objetivos a los líderes nativos americanos locales, declararon que «vivirían en paz» con los cuáqueros «mientras el sol y la luna perseveren».

La colonización de Pensilvania corrió su curso a un ritmo bastante estable. Se dice que entre 1681 y 1682, unos 23 barcos diferentes, que transportaban alrededor de 2.000 pasajeros en total, llegaron de Inglaterra. Sobre el terreno, Markham había hecho bien en cumplir los deseos de William Penn al comprar pacíficamente propiedades del Lenape. Se aseguró de que las compras que hacía fueran contiguas, y con ellas, extendió lentamente el alcance de la colonia de Pensilvania tanto al norte como al sur junto con el límite natural del río Delaware.

Tan pronto como William Penn llegó a la escena, comenzó a manejar las compras de tierras él mismo, y negoció varias adquisiciones. Solo en el verano de 1683, logró asegurar tres enormes extensiones de tierra de varios representantes de tribus locales. Estas adquisiciones fueron seguidas por un territorio aún más valioso ubicado en el río Brandywine, que fue adquirido el 19 de noviembre de 1683. William Penn intentó ser lo más cordial posible en sus relaciones con los grupos tribales e incluso llegó a aprender el idioma del Lenape (también conocido como Delaware).

En los años siguientes, los acontecimientos hicieron la vida más difícil para los cuáqueros británicos. El Parlamento británico había estado impugnando activamente la autoridad del rey Carlos II. También criticaron la cercanía del rey con grupos religiosos no convencionales como los cuáqueros. Esto tuvo como resultado que el rey endureciera las restricciones a los cuáqueros. Esta extralimitación solo terminó cuando el rey Carlos II murió abruptamente debido a un derrame cerebral masivo unos meses más tarde. Después de su muerte, el hermano de Carlos, Jaime II (el exduque de York), fue coronado rey en febrero de 1685. Aunque el rey Jaime II era un católico acérrimo, se convertiría en uno de los mayores benefactores que la fe cuáquera había conocido.

Capítulo 4: William Penn, Pensilvania, y su legado cuáquero

Espero pasar por la vida, pero una vez. Si por lo tanto, hay alguna amabilidad que pueda mostrar, o cualquier cosa buena que pueda hacerle a cualquier ser, permitidme hacerlo ahora, y no aplazarlo o descuidarlo, ya que no voy a pasar de esta manera de nuevo.

-William Penn

El rey Jaime II fue coronado como nuevo monarca de Gran Bretaña el 6 de febrero de 1685. Él sería el último rey católico de Inglaterra, pero a pesar de su preferencia por el catolicismo, sería bastante amigable con los cuáqueros. De hecho, había sido un buen amigo del almirante Penn, y por extensión, él también estaba en buenos términos con su hijo. Aunque James era católico, gracias a las palabras de su buen amigo William Penn llegó a entender y respetar la fe cuáquera, a pesar de sus diferencias con el cristianismo convencional.

Penn fue quien convenció al rey Jaime II de que los valores de los cuáqueros no alterarían el orden social, sino que en realidad lo beneficiarían. James, aunque de ninguna manera pensó en convertirse a la fe él mismo, pronto llegó a creer que el gobierno británico no tenía nada que temer de los cuáqueros. George Fox pudo haber comenzado esta tendencia cuando escribió su famoso Testimonio de Paz, que explicaba la naturaleza pacífica de las intenciones del cuáquero. Pero en lo que respecta al rey Jaime II, fue William Penn quien hizo realidad estas palabras.

Con este nuevo entendimiento el rey Jaime II promulgó amplias reformas religiosas en la primavera de 1686, comenzando con el proceso de indulto a aquellos que habían sido encarcelados por sus creencias religiosas. Durante esta amnistía general, se estima que más de 13.000 cuáqueros fueron puestos en libertad. Pero a pesar de toda esta buena voluntad hacia otras religiones, la élite inglesa temía tener un monarca católico en el trono, y no pasó mucho tiempo antes de que los cortesanos comenzaran a ponerse en su contra.

La resistencia a la se que enfrentó el rey católico Jaime II debido a su fe podría, en cierto sentido, relacionarse con los conflictos con los cuáqueros. Esta empatía añadió otra capa al entendimiento mutuo entre el rey y William Penn. Esta sintonía se manifestó en la Declaración de Indulgencia del rey Jaime II, que entró en vigor el 4 de abril de 1687.

Esta declaración acabó con la aplicación de las leyes penales que previamente habían exigido la adhesión a la ortodoxia de la Iglesia de Inglaterra. También finalmente dio a los súbditos británicos el derecho oficial de seguir sus propias inclinaciones religiosas, incluso si iban en contra de las prácticas convencionales de la Iglesia anglicana.

Al ayudar a minorías religiosas como a sus amigos cuáqueros, el rey Jaime II se estaba ayudando a sí mismo, ya que veía una mayor tolerancia religiosa en general como un medio para hacer que el catolicismo fuera más agradable en Gran Bretaña. Penn estaba muy cerca del rey cuando se produjo esta declaración, y algunos han sugerido que Penn fue el principal instigador para llevarla a cabo.

Por supuesto, la cercanía entre estos dos hombres no pasaría inadvertida, y pronto los enemigos del rey se convirtieron en opositores de William Penn.

Algunas de las otras denominaciones protestantes, que despreciaban el hecho de que su monarca reinante fuera católico, comenzaron a negar que Penn fuera cuáquero y dijeron que era católico. Algunos incluso llegaron a llamarlo William, el Papista, lo que indica que Penn estaba bajo el poder del papa romano. Por supuesto, esto no solo era ridículo, sino absolutamente falso.

De hecho, la mayoría de las personas que vivían en Inglaterra en ese momento probablemente eran conscientes de lo acérrimamente cuáquero que era Penn. Sin embargo, esta mentira se propagó igualmente. En aquel entonces, como sigue siendo el caso hoy en día, las falsedades a veces se promovían activamente para derribar a alguien que resultaba incómodo. Y el propio William Penn fue lo suficientemente desafortunado como para caer en el punto de mira de tales mentirosos maliciosos.

Estos detractores buscaron una manera de sacar del trono al benefactor de Penn, el rey Jaime II. Su oportunidad llegó en la forma de Guillermo de Orange, que era un protestante de los Países Bajos. De hecho, el Parlamento británico envió una solicitud para que Guillermo de Orange viniera a apoderarse de la realeza por sí mismo. Aceptó la oferta y apareció con unos 14.000 soldados. El rey Jaime II vio que no tenía probabilidades de ganar y huyó a Francia.

Este giro de los acontecimientos causó muchos problemas para William Penn, que había regresado a Inglaterra en ese momento. Dado que estaba en tan buenos términos con el rey Jaime II, de repente pasó a estar en el lado equivocado de la historia. Cualquier amigo del depuesto rey Jaime II era percibido como un enemigo del estado, y esto resultó en la detención de William Penn el 10 de diciembre de 1688, justo cuando Guillermo de Orange estaba asegurando su poder.

Cuando fue cuestionado por su asociación a con el ahora depuesto Jaime II, William Penn se mantuvo fuerte y dijo lo que pensaba. En lugar de agacharse y pedir misericordia defendió su caso. Dijo que «amaba a su país» y que nunca haría nada para traicionarlo. Penn negó las acusaciones de que había estado en alianza con la Iglesia católica, y también proclamó su solidaridad con los protestantes. A pesar de que los cuáqueros eran considerados un grupo marginal, fueron considerados como uno de los muchos productos de la Reforma protestante.

Sin embargo, Penn se negó a renunciar a Jaime II, no porque creyera que todas sus acciones habían sido correctas, sino porque simplemente lo veía como un amigo de confianza. Penn dijo a sus acusadores que si era leal al rey, era por gratitud por lo bueno que había sido para él y su familia. Esto solo aumentó las peticiones de los que clamaban por su ejecución inmediata, pero afortunadamente las respuestas honestas y directas de Penn ganaron el respeto de la única persona que realmente importaba: William de Orange.

El nuevo rey quedó impresionado con la posición audaz de Penn. Guillermo de Orange, ahora rey Guillermo III, hizo que Penn fuera liberado, y los cargos en su contra fueron retirados. Y para horror de los enemigos de Penn, obtuvo la gracia de otro monarca británico. Fue en parte debido a la influencia de Penn por lo que Guillermo III presidió un Parlamento que logró aprobar la Ley de Tolerancia, que aseguró un grado relativo de libertad religiosa en Gran Bretaña.

Mientras tanto, Penn era acosado rutinariamente por sus enemigos políticos, que constantemente buscaban alguna razón para llevarlo a la cárcel. Este escrutinio constante llevó al arresto de Penn una vez más en 1690, cuando fue presentado bajo los cargos de haber llevado a cabo correspondencia con el destronado Jaime II. Una vez más, los cargos no se sostuvieron, y después de un corto tiempo Penn fue liberado.

George Fox, el fundador de la fe cuáquera, falleció en 1691. Penn asistió al funeral, donde dio un discurso emocionante. Inmediatamente después del servicio funerario, fue alertado sobre los planes para su arresto bajo cargos de traición. Esto obligó a Penn a desaparecer por un tiempo. Sin embargo, los grandes problemas de Penn estaban por venir, y llegaron en la primavera de 1692. En este año William Penn perdió el control de Pensilvania. El rey Guillermo III nombró a un gobernador real para presidir Pensilvania en su lugar.

La persecución de los cuáqueros se había intensificado enormemente y los actos aleatorios de violencia y vandalismo se habían convertido en algo común. A diferencia de la tolerancia benevolente del rey Jaime II, los cuáqueros de repente parecían no tener ninguna clemencia. Al parecer para expresar el sentimiento abrasivo e intolerante de los tiempos, un sacerdote de Glasgow llegó incluso a decir sobre los cuáqueros que eran «herejes, blasfemos, poseídos con el diablo y tan peligrosos para conversar como los que tienen la peste».

Teniendo en cuenta que Inglaterra había sido golpeada recientemente con un terrible caso de peste bubónica, compararles con la cepa virulenta de pestilencia que estaba matando a todo tipo de gente era bastante inflamatorio. Y como era de esperar, este tipo de lenguaje solo caló en aquellos que se oponían a los cuáqueros. Durante este período, en realidad hubo casos de turbas que se reunían espontáneamente para «lanzar piedras» a los cuáqueros.

A pesar de esta feroz oposición, los cuáqueros, que vivieron y respiraron el Nuevo Testamento, sintieron sin duda que esto solo demostraba que estaban viviendo los ideales de Cristo. Atesoraron las palabras del Buen Libro y vieron paralelismos directos entre la persecución de los santos de la Biblia y la persecución a la que ellos mismos se enfrentaron. Figuras bíblicas, como san Esteban o el apóstol san Pablo fueron apedreadas hasta la muerte. El mismo Jesús estuvo a punto de ser abatido con piedras. No es de extrañar que los cuáqueros pensaran que estaban en buena compañía.

De hecho, los cuáqueros estaban siguiendo un guión familiar que se ha reproducido desde la escritura del Nuevo Testamento en el siglo I d. C. Hasta que la tolerancia religiosa fue la norma en Occidente, cada vez que aparecía un nuevo modo religioso de pensamiento cristiano, la ortodoxia se levantaba en oposición para acabar con ella. Esto comenzó con los primeros cristianos, y continuó con cada nuevo movimiento que surgió a lo largo de los años.

George Fox, Martin Luther King y otros pensadores cristianos tempranos, como santo Tomás de Aquino y san Agustín, se inspiraron en la naturaleza radical del Nuevo Testamento (después de todo, no hay nada más extremo que un libro que le pida a uno que ame a sus enemigos), y tenían visiones de una mejor manera de abordar una relación personal con Dios. También tuvieron a sus propios detractores ortodoxos que rápidamente se levantaron en contra de su visión, gritando que aquellos que se atrevieran a probar un nuevo enfoque de la religión convencional eran «blasfemos».

Los cuáqueros eran una parte de este mismo ciclo religioso que se había estado repitiendo desde el inicio del cristianismo. Se habían convertido en los nuevos mártires de la época, dispuestos a morir por su fe como los héroes que habían leído en las Escrituras. Pero afortunadamente para los cuáqueros (o desafortunadamente, si algunos de ellos realmente tuvieran el corazón puesto en ser mártires), los vientos políticos de Gran Bretaña cambiarían una vez más, y la persecución disminuiría.

¿Y qué ocurrió con William Penn? En 1693, algunas de las conexiones de William Penn en la corte del rey lograron convencerlo para restablecer el estatus de Penn y fue enviado a ser el gobernador de los bosques de Pensilvania una vez más. Pero había algunas contrapartidas unidas a esta reincorporación. Por un lado, Penn estaba obligado a suministrar tropas para Pensilvania.

El rey temía una inminente invasión francesa. Guillermo III afirmó que tenía razones para creer que el rey francés Luis XIV, que por casualidad estaba protegiendo a su predecesor, Jaime II, tenía planes para Nueva York y Pensilvania. Por supuesto, esto fue todo un dilema para un cuáquero como William Penn, que aborrecía la violencia. Cualesquiera que fueran las tropas que reuniera, podrían estar formadas por cuáqueros.

Antes de que William Penn pudiera navegar a Pensilvania, su vida se vio interrumpida por la muerte de su esposa, Gulielma Maria Springett, el 23 de febrero de 1694. Y mientras trataba de manejar sus asuntos restantes en Inglaterra, convirtió de nuevo a William Markham en gobernador en su ausencia. No sería hasta cinco años más tarde cuando Penn tendría sus asuntos lo suficientemente cerrados como para zarpar hacia Pensilvania. En ese tiempo, Penn había conocido a otra mujer llamada Hannah Callowhill, con quien se casó en 1696.

Con ella volvió a Pensilvania en el otoño de 1699. En ese momento, Penn estaba casi en bancarrota después de años pagando las diversas cuentas de Pensilvania de su propio bolsillo. La situación era tan sombría que consideró vender sus tierras al rey. Pero antes de hacer algo así, Penn quería asegurarse de que el estado que había dejado atrás se mantenía fuerte.

El refugio cuáquero de Pensilvania se haría conocido por su trato justo con las tribus nativas americanas que vivían cerca. Este legado duradero otorgó a Pensilvania una relativa paz durante las siguientes décadas, mientras que otros estados se enfrentaban a escaramuzas rutinarias con tribus cercanas. De hecho, William Penn fue tan venerado por los nativos americanos locales que en realidad lo usaron como mediador de paz cuando estallaron los combates entre dos grupos tribales diferentes.

William era definitivamente raro para los tiempos que vivió, y sus políticas públicas lo demostraron. En la primavera de 1701, Penn mantuvo una reunión con el gobernador de Virginia y el gobernador de Nueva York para buscar soluciones que fortalecieran los lazos entre los estados. A pesar de que estados como Pensilvania, Nueva York y Virginia eran básicamente entidades separadas, con sus propias cartas separadas y en deuda con el rey, Penn abogó por crear más unidad y uniformidad entre ellos. Creía que las colonias necesitaban prácticas judiciales universales, moneda e incluso una fuerza policial que pudiera operar de colonia en colonia. Por supuesto, esto era lo que pasaría cien años más tarde después de que las colonias obtuvieran la independencia, pero cuando Penn defendió estas ideas en 1701, sus colegas en su mayoría simplemente lo vieron como una broma. Nadie se lo tomó demasiado en serio en ese momento.

Después de esta conferencia, Penn encontró motivos de alarma cuando recibió la noticia de que el rey de Inglaterra planeaba convertir las colonias en «provincias reales». Esto significaría que las colonias estarían bajo el control directo del rey, quien sería capaz de nombrar arbitrariamente a sus propios gobernadores reales. Penn no iba a soportar eso, así que dejó atrás a sus hermanos cuáqueros para volver a Inglaterra una vez más. Antes de irse, se aseguró de que el órgano legislativo escribiera una constitución actualizada de Pensilvania que consagrara aún más los principios cuáqueros de paz, trato justo y benevolencia.

Una vez que esto se resolvió, Penn zarpó hacia Inglaterra. William Penn apareció el último día del año: el 31 de diciembre de 1701. Cuando llegó, recibió la noticia de que el rey había fallecido durante su viaje. Esto convirtió a la hija de Jaime II, la reina Ana, en la nueva monarca reinante.

William Penn y parte de su séquito cuáquero se dirigieron a la corte de la reina para comprobar en qué punto estaban los cuáqueros con el nuevo régimen. La reunión aparentemente salió bien, y la reina Ana le informó debidamente a Penn: «Usted y sus amigos pueden estar seguros de mi protección».

Pero incluso con el apoyo de la reina Ana, la situación de Penn era bastante sombría. Se enteró de que su antiguo agente, Philip Ford, había fallecido. Resultó que Ford había manejado mal las finanzas de Penn, hecho malas inversiones y creado mucha deuda. La familia de Ford exigió entonces a Penn que pagara la deuda sobrante. Incapaz de pagarlo, Penn fue enviado a una prisión de deudores en 1708. En esa época las personas con deudas pendientes podían ser enviadas a la cárcel, y Penn languideció en una celda de la cárcel durante varios meses.

Para Penn el confinamiento no era algo nuevo, pero el hecho de haber sido encarcelado por deudas en lugar de por persecución religiosa debió de haberle supuesto vergüenza. Una cosa era ir a la cárcel luchando por lo que uno cree y otra completamente diferente por no pagar las cuentas. Sin embargo, Penn fue ayudado por sus viejos amigos cuáqueros, que lograron pasar por los registros financieros del difunto Ford y encontraron evidencia de que Ford había estafado a Penn.

Teniendo esto en cuenta, el abogado instó fuertemente a los familiares sobrevivientes de Ford a reducir sus demandas. Finalmente, aceptaron un acuerdo de 7.600 libras. Los mismos amigos que descubrieron la corrupción de Ford recaudaron el dinero para pagar este acuerdo, y William Penn fue liberado.

Penn viviría el resto de su vida en Inglaterra. Después de sufrir un derrame cerebral en 1712, su salud se deterioraría, y finalmente moriría, algunos dicen «sin dinero», en 1718, a la edad de setenta y cuatro años. Pero lo que no tenía en el dinero, lo compensaba con fe y el gran legado que dejó atrás.

Capítulo 5: El estado de los cuáqueros después de William Penn

Sed patrones, sed ejemplo en todos los países, lugares, islas, naciones dondequiera que vayáis; que con vuestra experiencia y vida podáis predicar entre todo tipo de personas; entonces iréis a caminar alegremente por todo el mundo, respondiendo a la llamada de Dios en todos; vosotros podéis ser una bendición y predicar el testimonio de Dios para bendecirlos.

–George Fox

William Penn falleció en 1718, pero el ejemplo que había sembrado para la tolerancia religiosa sería continuado por sus nuevos sucesores, que mantuvieron un pacto social constante durante las próximas décadas. Fueron sus hijos, Richard y Thomas Penn, así como su nieto, John Penn, quienes heredarían la administración de Pensilvania de William, aunque fue su esposa Hannah la que se hizo cargo su propio fallecimiento en 1726. Después de la muerte de Hannah, Thomas dirigió la colonia durante casi cuarenta años gracias a un acuerdo que lo nombraba como el propietario administrador. Thomas demostró tener la misma habilidad para la gestión que tenía su padre, pero sus puntos de vista religiosos difirieron. Thomas optó por abandonar la comunidad cuáquera por completo y unirse a la Iglesia de Inglaterra en su lugar.

Esto habría aborrecido completamente a su padre. William Penn había luchado mucho para estar libre de las garras de la Iglesia de Inglaterra durante la mayor parte de su vida. Pero mientras que su padre intentó mantenerse firme y apartarse del *statu quo*, Thomas se inclinó por ir con la mayoría. Fue descrito como «prometedor, sensato y un caballero de cabeza fría».

Thomas no tenía el carácter fulgurante de su padre, ya que prefería pulir sus habilidades sociales y encajar en las normas convencionales antes de mantener su independencia. Thomas también era mucho más pragmático y cuidadoso con sus finanzas. Su padre William Penn no dudó en gastar grandes cantidades de su propio dinero a menudo en su propio perjuicio.

En su honor, Thomas intentó mantener intactas gran parte de las políticas sociales de su padre en la colonia. Hizo todo lo posible para continuar con las libertades establecidas en la carta de Pensilvania mientras luchaba por asegurarse de que el monarca británico en el poder estuviera contento con los resultados. Ciertamente no fue fácil.

Tampoco debió de haber sido sencillo asegurarse de que los colonos y los nativos americanos no se relacionaran de manera equivocada. Thomas, que defendió la promesa de su padre de hacer tratos justos con las tribus nativas americanas, hizo todo lo posible para asegurarse de que los acuerdos de tierras fueran apropiados y que las tensiones nunca se descontrolaran. Inicialmente, las políticas de William Penn continuaron, pero la deshonestidad y la malversación, especialmente en lo que respecta a los nativos americanos locales que tenían tratos en la región, finalmente comenzaron a filtrarse.

Esto se puede ver en la infame Compra a pie de 1737. En este terrible episodio salieron a la luz las artimañas empleadas por colonos codiciosos que querían tierras nativas americanas. La compra giró en torno a un grupo de locales, que midieron su tierra por la distancia recorrida a pie durante un día. Aparentemente aceptaron vender parte de su propiedad a lo largo del río Delaware basándose en estas mediciones, y aquí fue donde los colonos vieron una oportunidad para el engaño.

Usaron sus propios topógrafos para caminar la distancia y aparentemente usaron a sus caminantes más rápidos corriendo por el río para que la distancia recorrida equivaliera a más tierra de la que el Delaware pretendía vender. Cuando Delaware se negó a aceptar las mediciones, los colonos, en lugar de admitir sus artimañas, llamaron a una milicia de Nueva York y obligó a los habitantes de Delaware a abandonar sus propiedades. La tribu no olvidaría esta traición y se convertiría en una amarga némesis para los colonos de Pensilvania.

En la década de 1750, el pacifismo que tanto habían fomentado los cuáqueros comenzó a dar paso a la agresión desnuda. El conflicto total surgió en 1755, sobre todo con la masacre de Penn's Creek, en la que los colonos fueron masacrados por la tribu Lenape. Esto llevó a muchos cuáqueros no violentos en la legislatura a renunciar abiertamente a sus posiciones. Y sin la influencia cuáquera, Pensilvania cayó en una guerra abierta.

Sin embargo, incluso cuando los cuáqueros dejaron posiciones de poder, demostraron ser poderosos activistas, defendiendo los derechos de los nativos americanos y siendo de los primeros en pedir la abolición de la esclavitud. Uno de los defensores más poderosos de la abolición de la esclavitud fue John Woolman. Este hombre nació en 1720 y desarrolló su pasión por la justicia y la igualdad desde una edad temprana.

Tenía unos veinte años cuando experimentó algo que cambiaría su vida. Woolman trabajaba para un hombre que estaba vendiendo a un esclavo, y le pidió que organizara personalmente la transacción. Era su trabajo como empleado compilar cualquier factura de embarque que su empleador pidiera, pero Woolman inmediatamente supo en su corazón que esta venta en particular era una horrible equivocación. Y no solo lo pensó, sino que actuó al respecto. Woolman se enfrentó a su jefe, informándole decididamente que la esclavitud estaba mal y que no formaría parte de una transacción tan malvada.

A partir de ese día, se convirtió en un firme defensor de la abolición y un pastor dedicado, que predicó incesantemente sobre la «verdad y la luz» dentro de todos. Este tema, que fue desarrollado por su fundador George Fox, sigue importante hoy en día.

Woolman era un hombre sensible que realmente se preocupaba por los demás. Incluso los animales no estaban exentos de su compasión, como se vio cuando decidió evitar el uso de caballos para el transporte, ya que sentía que los animales eran tratados a menudo cruelmente. Mucho antes de que el concepto de crueldad animal se extendiera, él se convirtió en un apasionado defensor de los derechos de los animales.

Woolman viajó a lo largo y ancho, difundiendo su punto de vista sobre los males de la esclavitud. Y la denunció tanto con palabras como con acciones. Se dice que cada vez que visitaba la casa de alguien que tenía esclavos en la casa, siempre se aseguraba de pagarle por los servicios que prestaban, y aleccionaba a los dueños de esclavos sobre la práctica. Por ejemplo, si alguien en cautiverio le servía la cena, le entregaba dinero por su trabajo. Y si el dueño de esclavos le preguntaba al respecto, él aprovechaba la situación para condenarla. Con la ayuda de la cruzada incansable de Woolman contra la esclavitud, las mentes cuáqueras comenzaron a cambiar y se volvieron mucho más decididas a denunciar la práctica.

En 1750, estaban más o menos convencidos de los males de la esclavitud y comenzaron a tomar medidas proactivas para detener la marea de la práctica. Los cuáqueros comenzaron a ver la esclavitud no solo como perjudicial para aquellos que estaban en cautiverio, sino también para aquellos que tenían personas cautivas. En primer lugar, consideraban que la servidumbre forzada no solo negaba los derechos de los esclavizados, sino también suponía un encubrimiento de su «luz interior». Una vez más, los cuáqueros creían que cada uno de nosotros tiene una manifestación interna de Dios que se nos permite brillar. Solo piense en la letra de esa canción infantil que dice «Esta pequeña luz mía, ¡voy a dejar que brille!». Los cuáqueros creen que la luz de Dios habita dentro de todos nosotros y no debe ser obstaculizada. Por lo tanto, opinaban que era una terrible farsa que la oscuridad de la esclavitud cubriera la luz interior de los esclavizados.

Los cuáqueros pensaron que esta práctica también atenuaba la luz interior de los dueños. ¿Cómo podría brillar la luz de Dios a través de una persona cuando se dedicaba a una empresa tan horrible como la esclavitud? Los cuáqueros creían que la luz de un poseedor de esclavos se veía muy disminuida al explotar el trabajo de los demás. Eso no quiere decir que los cuáqueros nunca tuvieran esclavos. Desde la isla caribeña de Barbados hasta los Estados Unidos, hubo cuáqueros que manejaban plantaciones. Y además de los cuáqueros que participaban activamente en la esclavitud, también hubo quienes no poseían esclavos pero se beneficiaban indirectamente de la práctica. Los comerciantes de algodón, por ejemplo, eran menos propensos a atacar la esclavitud, ya que sus ingresos dependían parcialmente de ella.

En lo que respecta a condenar universalmente la práctica, se lograron progresos reales en 1758, cuando los cuáqueros lanzaron un edicto oficial en el que se afirmaba que cualquier cuáquero que tuviera esclavos necesitaba «ser disciplinado». En otras palabras, recibirían una penalización severa. Esto significaba que a pesar de que no serían expulsados de la fe cuáquera abiertamente, no se les permitiría asistir a las reuniones y serían excluidos de muchos otros aspectos de la vida de la iglesia. Algunos interpretaron esta medida como un acto de marginación hacia miembros de su misma fe, pero otros lo percibieron como un acto de decencia común que ayudaría a allanar el camino para un futuro mejor y más tolerante. De cualquier manera, los cuáqueros dueños de esclavos fueron apartados.

El siguiente hito importante para librar a la esclavitud de sus filas ocurrió en 1770 en la reunión anual de Nueva Inglaterra, cuando se determinó que cualquier cuáquero que tuviera esclavos tenía que dar pasos hacia su emancipación. Esto culminó con una declaración que se hizo en 1784 y que exigía que todos tomaran medidas inmediatas para liberar a sus esclavos. Si no lo hicieran, perderían su membresía en la iglesia.

Así que, menos de una década después de la Revolución americana, los cuáqueros se opusieron firmemente a la esclavitud. Y sus esfuerzos dieron frutos inmediatos, ya que fueron capaces no solo de convencer a algunos dueños de esclavos de liberarlos, sino que también ayudaron a los esclavos fugitivos a obtener la libertad. Estos esfuerzos culminarían con la participación de los cuáqueros en el llamado Ferrocarril subterráneo.

Hasta la abolición total, este *ferrocarril* sirvió como un conducto activo para el transporte de esclavos fugitivos al norte. Sin embargo no dependía de las vías del ferrocarril o de los vagones de tren. Dependía de hombres y mujeres que accedieron a transformar sus hogares en *estaciones* secretas, en las que los fugitivos podían detenerse y descansar mientras recorrían su camino hacia la libertad.

El papel de los cuáqueros en este elaborado sistema de refugio y administración de esclavos al norte no puede ser subestimado. Este subterfugio dio a hombres, mujeres y niños afroamericanos, que vivían en cautiverio en los estados sureños, la esperanza de encontrar la liberación si se dirigían a norte. Pero no solo eso, la corriente continua de fugitivos ayudó a debilitar el sistema de esclavos del sur.

Desesperados por detener esta migración al norte, los sureños impulsaron las llamadas Leyes de Esclavos Fugitivos de 1850, exigiendo que tuvieran el derecho de traer fugitivos que se dirigían al norte de vuelta al sur. Esta medida draconiana aumentó la tensión entre los abolicionistas del norte y los esclavistas del sur hasta que finalmente la guerra civil estalló para resolver el conflicto de una vez por todas.

Junto con estas contribuciones generales a la abolición de esta práctica, también se dice que los cuáqueros se aseguraron de que la esclavitud no existiera más al norte de Maryland. Habían trazado literalmente una línea y se rebelaron con acciones concretas para asegurarse de que no se permitiera que esta terrible práctica se propagara más.

Esta secta, que por un tiempo fue poco conocida de Inglaterra, causó un impacto sustancial en los Estados Unidos. Aunque durante los años posteriores a la muerte de Penn tuvieron muchos altibajos, los cuáqueros seguían siendo una fuerza a tener en cuenta, tanto en América del Norte como más allá.

Capítulo 6: Vida cuáquera durante la Revolución americana

Todo lo que habita en la luz tiene su morada en Dios, y conoce un escondite en los días de tormenta; y los que moran en la luz, se construyen sobre las rocas, y no pueden ser movidos, porque los que son movidos o sacudidos, se van de la luz, y así se alejan su fuerza, y del poder de Dios, y pierden la paz y el disfrute de la presencia de Dios.

–Edward Burrough

La Revolución americana fue una época de reorganización radical del pensamiento en lo que respecta a la sociedad y a cómo se debe gobernar a las personas. Muchos protestantes apoyaron estos esfuerzos desde el principio, ya que compartían la idea de poner distancia entre sus propias ideologías y los dictados de la Iglesia de Inglaterra.

Por otro lado, los cuáqueros se enfrentaron a su período más difícil en Estados Unidos durante la Revolución americana, que duró desde 1776 a 1783. Como pacifistas, los cuáqueros estaban en contra de la guerra en todas sus formas, y por lo tanto, se manifestaron en contra de un levantamiento armado contra la Corona británica. Esta negativa a estar del lado de los luchadores por la libertad estadounidense los puso bajo sospecha inmediata.

La mayoría de ellos simplemente evitaron la violencia y el derramamiento de sangre de cualquier tipo. La idea de una revuelta armada estaba fuera de discusión para la mayoría de ellos. Aunque los cuáqueros estaban en contra de la guerra, algunos se pusieron del lado de los revolucionarios estadounidenses, al menos a nivel ideológico. Reconocieron la libertad que los Padres fundadores, quienes prometieron un gobierno mucho mejor que el que la Corona les ofrecía.

Sin embargo, la mayoría de los cuáqueros fueron rechazados y vistos como un riesgo para la seguridad. Y debido a su disposición pacífica y amistosa, a veces lo eran. Por ejemplo, en el invierno de 1777/78, prestaron ayuda a las fuerzas británicas en Filadelfia. Los cuáqueros sin duda sintieron que estaban cumpliendo con su deber cristiano de ayudar a los británicos en dificultades, pero esto llevó a que al menos uno de estos colaboradores fuera ejecutado por los revolucionarios estadounidenses.

En algunos casos, los cuáqueros fueron retenidos indefinidamente sin cargos claros que no fueran vagas acusaciones de traición. Esto le pasó a un hombre llamado Henry Drinker. Fue arrestado y detenido en el otoño de 1777. Drinker fue retenido tras las rejas y se le dijo que jurara lealtad al gobierno estadounidense. Cuando se negó, fue transportado en un vagón y expulsado a Virginia, donde se convirtió en un exiliado no deseado como castigo.

Este tratamiento de los cuáqueros pareció remontarse a la puritana década de 1650, cuando las autoridades coloniales desterraban rutinariamente a los cuáqueros de sus comunidades. A pesar de sus mejores intenciones para una sociedad más equitativa, la Revolución americana fue sin duda un tiempo de dificultad e incertidumbre para la Sociedad de Amigos. Lo admitieran o no, muchos de los cuáqueros se mantuvieron esencialmente leales a Gran Bretaña y simplemente no vieron la revuelta como una buena acción.

Este sentimiento provocaría mucha fricción con sus compatriotas americanos, pero era una situación complicada. Por un lado, los cuáqueros en Estados Unidos todavía tenían fuertes vínculos con los de Inglaterra, y sus homólogos británicos siempre aconsejaron a sus hermanos coloniales que no causaran problemas, para no poner en peligro estos lazos fraternales.

También hubo un poco de rencor mezquino involucrado en la decisión entre algunos cuáqueros de mantenerse neutrales. Muchos de los cuáqueros estadounidenses no siempre fueron tratados de la mejor manera por los líderes locales de la Revolución americana, lo que les llevó a ser cautelosos a la hora de involucrarse en cualquier levantamiento diseñado por aquellos que habían sido menos amables con ellos.

A pesar de todas las razones para no alentar los combates, algunos participaron en la Revolución americana. Uno de ellos, un hombre llamado Stephen Hopkins, incluso firmó su nombre en la Declaración de Independencia. Para ser justos, Hopkins era un excuáquero, ya que en realidad había sido expulsado debido a su negativa a emancipar a sus esclavos.

También estaban los que ignoraron la idea de no violencia y se adaptaron al Ejército Continental. Uno de esos cuáqueros fue un joven llamado Charles Darragh, que provenía de una notable familia cuáquera en Pensilvania; su padre, William, era maestro, y su madre, Lydia, era partera. A pesar de las dudas que estos cuáqueros incondicionales pudieron haber tenido, su hijo se unió al Ejército Continental para servir bajo el Segundo Regimiento de Pensilvania.

Aunque Charles era el que se alistaba, en realidad fue su madre la que sería de más valor. Cuando los británicos comenzaron a ocupar la región, Lydia, que mantenía abierta una línea de comunicación con su hijo, comenzó a proporcionarle información invaluable en cuanto al movimiento de las tropas británicas.

En 1777, los británicos se apoderaron de Filadelfia, y el general británico William Howe estableció una tienda justo dentro de la casa de Lydia Darragh. Los británicos eran de hecho una fuerza de ocupación, y si querían hacer uso de las viviendas de otra persona, no había mucho que los residentes pudieran hacer al respecto. Los británicos probablemente sintieron que no tenían nada que temer de los cuáqueros, ya que se sabía que eran pacifistas declarados.

El general Howe ocupó la casa de Lydia, que era bastante hábil en la recopilación de información. Y pronto las reuniones de personal que el general Howe organizaba regularmente en la morada de Lydia fueron objeto de una importante filtración de información que iba directamente a los oídos de los hombres que luchaban en la Revolución americana.

Los británicos parecían ser inconscientes de este hecho, y el general Howe continuó celebrando sesiones de planificación en su casa. En un momento dado, en diciembre de 1777, incluso llegó a señalar a Lydia que una reunión importante estaba a punto de tener lugar, avisándola para que se fuera a dormir temprano esa noche, para que no fuera molestada. Parece que el general Howe no estaba muy preocupado por ser espiado; más bien solo estaba tratando de ser educado.

Lydia no estaba dispuesta a dormir durante toda esta charla del enemigo y en su lugar se quedó despierta. A escondidas del general, se sentó justo al lado de la puerta cerrada para poder escuchar cada palabra. En esta sesión, Lydia se enteró de que los británicos estaban planeando un ataque furtivo al Ejército Continental en las afueras de la ciudad, que iba a ser dirigido por el general George Washington.

Lydia ciertamente sabía que había descubierto algo importante, y estaba decidida a decírselo a los soldados revolucionarios. Tan pronto como estuvo segura de que la reunión estaba a punto de llegar a su fin, Lydia cuidadosamente se dirigió a la cama. Al día siguiente, pidió permiso para salir del territorio británico-ocupado para comprar comida. Pero estaba decidida a hacer algo más que ir de compras ese día. Dejó la bolsa vacía con la que solía comprar en un molino local y se dirigió rápidamente al campamento del general George Washington en su lugar. Lydia fue entonces capaz de compartir lo información que había escuchado a los revolucionarios.

Gracias a la información de Lydia, cuando los británicos intentaron lanzar su ataque sorpresa contra las tropas de Washington, los soldados estaban preparados. En lugar de sorprenderse, los estadounidenses fueron capaces de lanzar un feroz contraataque propio y enviar a los británicos corriendo hacia las colinas. Y todo esto fue gracias a una mujer cuáquera tranquila y dulce que decidió intervenir. Los británicos interrogaron a Lydia más tarde cuando descubrieron que su operación había sido comprometida, pero nunca creyeron que fuera una espía. Sin embargo, fue debido a la heroicidad de Lydia que muchas vidas estadounidenses se salvaron ese día.

Otra mujer cuáquera que se encontró en una posición muy similar durante la guerra fue una caroliniana del norte llamada Martha Bell. Ella y su marido poseían un molino que se especializaba en hacer harina. A medida que la guerra se calentaba entre los estadounidenses y los británicos, su molino fue invadido por las tropas británicas, que comenzaron a apoderarse regularmente de harina de maíz molida y otros suministros.

Aunque Martha y su esposo apoyaban la causa revolucionaria, no dudaron en ayudar a las tropas británicas enemigas que ocuparon sus propiedades. Para un cuáquero, todas las vidas son preciosas, incluso las de aquellos con quienes ideológicamente no están de acuerdo. Martha frecuentemente curaba las heridas de las tropas británicas, mientras que su marido ayudaba a moler maíz en harina en el molino.

Durante este tiempo, parecieron ganarse el favor de los ocupantes, quienes les prometieron que «su propiedad estaría a salvo». Martha más tarde usaría esta garantía a su favor cuando fue a visitar el campamento británico. En este punto, los británicos se habían mudado del molino, pero Martha visitó el campamento británico de todos modos, fingiendo estar preocupada por algunos daños causados a su propiedad.

Sin embargo, era solo una artimaña. Martha inventó este plan para poder tomar nota de las posiciones enemigas, el número de tropas y el armamento, toda la información de inteligencia vital que esperaba reunir para los revolucionarios. Luego fue capaz de llevar todos estos valiosos datos a las tropas revolucionarias, dándoles información asombrosamente precisa sobre las capacidades de este regimiento británico y hacia dónde tenía más probabilidades de dirigirse.

Toda esta actividad cuáquera fue muy útil para la causa de la Revolución americana. Pero la mayoría de estos esfuerzos eran prácticamente desconocidos para el resto de la población. Además de estos héroes desconocidos, los cuáqueros más notables que decidieron apoyar la causa revolucionaria fueron los llamados cuáqueros libres de Filadelfia, Pensilvania. El miembro más conocido fue una mujer llamada Betsy Ross, que supuestamente diseñaría la primera bandera estadounidense.

Pero cuáqueros como Betsy eran escasos, el resto de solo trataban de mantener la cabeza baja. Los cuáqueros querían evitar ser rechazados, como fue el caso de muchos de Filadelfia, que fueron reubicados en los bosques de Virginia por ser considerados potenciales «riesgos para la seguridad».

Los cuáqueros también encontraron problemas cuando las autoridades revolucionarias comenzaron a pedir «juramentos de lealtad» a los ciudadanos. Ellos habían renunciado durante mucho tiempo a hacer cualquier tipo de juramento. En algunos casos, los cuáqueros no participaban con las milicias locales, algo que muchos otros ciudadanos locales hacían. Estas acciones se volvieron cada vez más difíciles de evitar, ya que muchas de las batallas clave libradas en la guerra de independencia ocurrieron en lugares muy poblados por cuáqueros.

Y aquellos que se unían a las milicias y tomaban las armas por la Revolución americana, se enfrentaron a repercusiones inmediatas en las reuniones cuáqueras locales. Dado que se suponía que no usaban la violencia, muchos de estos cuáqueros patriotas fueron excomulgados por sus acciones. Aquellos que fueron rechazados por sus líderes cuáqueros locales a menudo encontraron un lugar de aceptación en la Sociedad de Cuáqueros Libres, que se había formado en Filadelfia. Aquí, los que apoyaron activamente el esfuerzo bélico podrían ayudarse mutuamente.

Fueron unos momentos difíciles y confusos para los cuáqueros. Sin embargo, para cuando la guerra acabó la mayoría fue capaz de reconciliarse tanto con los cuáqueros recién establecidos Estados Unidos de América como entre sí. También tuvieron que aceptar el hecho de que gran parte del poder que habían tenido sobre las legislaturas estatales y otras estructuras de poder colonial había sido demolido.

Para aquellos que anhelaban los días de gloria de William Penn, esta era una situación desalentadora. Pero para los cuáqueros ortodoxos duros que querían volver a sus raíces y estar libres de la carga de la política, esta ruptura de los lazos políticos fue un alivio. Creían que era un medio para alejar a los cuáqueros «del mundo y sus tentaciones».

Cuando su poder terrenal comenzó a retroceder, su poder espiritual experimentó en un gran despertar. Pronto hubo un renovado interés en lo que significaba ser cuáquero y cómo deberían responder a un mundo que era mucho más grande de lo que les rodeaba. ¿Eran los cuáqueros parte del mundo? ¿Cómo encajarían las creencias cuáqueras en el contexto de los Estados Unidos de América? Temas como estos se debatirían comúnmente en las casas de reuniones cuáqueras de todo el país durante muchos años.

Capítulo 7: Una época de gran ajuste

Creo que hay algo en la mente, o en el corazón, que muestra su aprobación cuando hacemos lo correcto. Me doy este consejo: No temas la verdad, aunque sea contraria a la inclinación y al sentimiento. Nunca renuncies a su búsqueda; y permítete tener valor, y tratar desde el fondo del corazón lo que crees que la verdad dicta, tanto si os lleva a ser cuáquero o no.

-Elizabeth Fry

En 1800, los cuáqueros eran una fuerza grande y unificada que se había extendido por los nacientes Estados Unidos. Esta expansión continuó a medida que ganaban territorio más al oeste. En particular, establecieron enclaves en los estados recién establecidos de Ohio e Indiana, donde la esclavitud era ilegal. Por supuesto, esto se adaptaba mejor a su sensibilidad, ya que estaban completamente en contra de esta práctica aborrecible.

Uno de estos lugares estaba en el condado de Henry, Indiana, donde habían estado desde 1828, unos diez años. Aquí establecieron una organización regular de reuniones conocida como los Amigos de Duck Creek. Los asuntos discutidos entre este grupo se referían principalmente a la Iglesia. Hubo debates sobre la doctrina, así como asuntos internos que debían ser atajados, como el de los cuáqueros descarriados que habían violado las reglas.

Aunque esto era solo un microcosmos del mundo cuáquero, los Amigos de Duck Creek del condado de Henry, Indiana, fueron bastante representativos durante este período. Todavía creían firmemente en un conjunto de verdades universales que se esperaba que siguieran. Los dos principales lugares para la instrucción seguían siendo Filadelfia y Londres, pero los cuáqueros seguían a sus propios líderes locales más que a nadie.

Una de las grandes controversias que estallaron durante este período provino de un pastor cuáquero de Long Island, Nueva York, llamado Elias Hicks. Se trataba de un hombre devoto, pero algunas de sus creencias diferían de los fieles más tradicionales. En particular, Hicks fue atacado por haber negado la «divinidad de Cristo». Según sus teorías Cristo no había nacido divino, sino que se había vuelto divino al vivir una vida sin pecado y que estaba en sintonía con la «Luz Divina que había dentro de él».

Al parecer, Hicks fue más allá con esta idea y dijo que Jesucristo no era diferente a nadie; él solo era alguien que de repente se despertó y se dio cuenta de que esta chispa —esta manifestación de Dios— estaba dentro de él y luego fue capaz de llevarla a su máxima perfección. Lo que Hicks sugería era que cualquiera podía emular a Cristo si simplemente elegía hacerlo. Esto iba en contra de la mayoría de las doctrinas cristianas, que subrayan claramente que todos necesitan a Jesucristo como intermediario con Dios para ser estar salvo.

A pesar de que Hicks retrató a Jesucristo como una figura ordinaria no negó todas las hazañas sobrehumanas que se le atribuyen. Por ejemplo, a pesar de que restó importancia a la idea de que Jesucristo nació divino, aceptó que había nacido de una virgen y básicamente cualquier otro milagro. Hicks se aferró a su teoría de que la divinidad de Jesucristo no se logró al nacer, sino que se había manifestado más adelante en su vida.

Mientras que algunos cuáqueros fueron atraídos por las enseñanzas únicas de Hicks, los más tradicionales estaban indignados. Le consideraron un hereje que predicaba entre sus filas y trataron de acallarle. Aquellos que estaban angustiados por Hicks y sus llamados *hicksites* finalmente encontraron poderosos aliados en Inglaterra, que fueron a visitar los estados en la década de 1820. En este polémico debate, aquellos que se posicionaron para estar en contra de Hicks llegaron a ser conocidos como los Amigos ortodoxos.

Hicks, sin embargo, se apresuró a señalar que los llamados Amigos ortodoxos a menudo estaban más interesados en el «poder político» y la «ganancia material» que en cualquier otra cosa. Los de la facción ortodoxa insistieron en que lo que más les interesaba era simplemente apegarse a las mismas verdades doctrinales que la mayoría de los cristianos tenían, es decir, que Cristo era perfecto desde el principio, que nació hijo de Dios, y que fue colocado en este mundo por la única misión de salvarnos pagando el precio del pecado humano a través de su crucifixión.

Sin embargo, los Amigos ortodoxos parecían estar de acuerdo con Elías en su opinión de que las Escrituras en sí no deberían elevarse por encima de la luz de Dios. Para Elías y aparentemente muchos otros cuáqueros, las Escrituras fueron vistas como una herramienta. Pero al mismo tiempo, los Amigos ortodoxos sentían que las enseñanzas de Elías eran peligrosas porque se despreciaban los textos de la Biblia de una manera que no era apropiada.

La fricción entre Elías, sus partidarios y los cuáqueros más tradicionalistas continuaría durante gran parte de la década de 1820. La mayoría de los cuáqueros que vivían en las ciudades a menudo seguían las creencias ortodoxas, mientras que los cuáqueros rurales y más remotos eran más propensos a seguir las enseñanzas de Hicks.

Hicks a menudo se desapegaba del liderazgo ortodoxo de Filadelfia, no más que Samuel Bettle y Jonathan Evans. Evans se convertiría en una persona imprescindible para Elias Hicks cada vez que iba a Filadelfia a predicar. Hubo varios casos notables en 1826 en los que Hicks habló en las casas de reuniones cuáqueras en Filadelfia y fue rechazado rotundamente por Jonathan Evans. Cada vez que Hicks predicaba en la casa de reuniones, Jonathan argumentaba en su contra.

En poco tiempo la separación entre *hicksites* y ortodoxos fue más evidente. Los *hicksites* estaban cada vez más en desacuerdo con el mundo que les rodeaba y pedían reformas, mientras que los ortodoxos se sentían cómodos con los negocios que tenían y trataban de mantener su *statu quo*. Durante esta pelea Hicks no impulsó ninguna reforma. Era un granjero que usaba el habla rural para que los cuáqueros del país se interesaran en sus ideas. Pero para muchos, sus reformas no eran realmente nuevas prácticas, sino simplemente un llamamiento a volver a las raíces cuáqueras que muchos sentían que se habían perdido.

En ese sentido, casi se podría llamar a los *hicksites* retrógrados y conservadores, partidarios de una era cuáquera anterior. Prueba de ello es que eran bastante famosos por evitar muchas comodidades modernas. Hicks era conocido, por ejemplo, por hablar en contra de los ferrocarriles, canales y autopistas de peaje, entre otras cosas. Incluso una vez criticó la construcción del canal Erie de Pensilvania diciendo rotundamente: «Si el Señor hubiera pretendido que hubiera vías fluviales internas, las habría colocado allí».

Pero probablemente lo que más distinguió a los *hicksites* y a los ortodoxos urbanos fue el desdén general de Hicks por la vida en la ciudad. Veía los núcleos urbanos donde la gente se aglomeraba como corruptos, «centros de mundanidad» y «lujo perezoso». O como él mismo dijo una vez: «Una gran parte de las alegrías y comodidades de la vida urbana para los ociosos y perezosos es evitar trabajar en el campo».

En 1827, durante la reunión anual de Filadelfia, varios *hicksites* estaban decididos a separarse de la hegemonía ortodoxa de Filadelfia y formar una reunión anual propia. Y esto no fue un pequeño movimiento. Acerca de los dos tercios de la membresía original se fueron para unirse a esta nueva reunión anual, creando dos puntos focales para los cuáqueros. Esto conduciría a un efecto dominó, en el que otras casas de reuniones en lugares como Baltimore y Nueva York seguirían su ejemplo. A medida que esta guerra entre *hicksites* y cuáqueros ortodoxos estalló, las líneas ideológicas entre los dos se perfilaron.

Con el tiempo las filas de los propios *hicksites* se difuminaron y luego se fracturaron en varias otras agrupaciones. La más numerosa de estas facciones fue una que podía considerarse conservadora y tenían la opinión de que los Amigos ortodoxos se habían alejado del verdadero camino cuáquero. Otra cepa rechazó algunas de las ideas de Hicks y en su lugar estaba más en sintonía con los cuáqueros ortodoxos. Un tercer grupo era más liberal y participaba activamente en movimientos que eran radicales para ese momento, como la antiesclavismo y los derechos de las mujeres. También estaban interesados en las ideas religiosas fuera de la fe cuáquera, como el unitarismo. Los unitarios formaban parte de un movimiento cristiano temprano que negaba la Trinidad y promovía la idea de que Dios era una sola persona.

Parte de la razón por la que los *hicksites* se dividieron tan temprano podría atribuirse a la presión externa de la sociedad. Por ejemplo, los derechos de las mujeres y la abolición de la esclavitud estaban cobrando fuerza, y el activismo cuáquero en estas dos áreas conduciría a un refinamiento de muchas creencias cuáqueras fundamentales.

Lucretia Mott fue una *hicksita* que desempeñó un papel integral en la primera cumbre por los derechos de la mujer, celebrada en Seneca Falls, Nueva York, en el verano de 1848. Otro movimiento social que atrajo a muchos *hicksites* durante este período fue la Sociedad

Americana Contra la Esclavitud, que se formó en Filadelfia en diciembre de 1833. Se trataba de un grupo de abolición dedicado a la erradicación de la esclavitud y fueron los cuáqueros quienes dirigieron la acusación.

Otro punto focal de activismo durante este período fue el del llamado movimiento no resistente. Los cuáqueros habían estado durante mucho tiempo en contra de la violencia, cuyo objetivo final era crear una sociedad en la que no fuera necesaria ninguna fuerza coercitiva.

Esto condujo a realizar muchas experimentaciones en la década de 1840 con comunidades de estilo utópico, algo que recordó al «experimento sagrado» de William Penn en Pensilvania unos 200 años antes. Al igual que Pensilvania bajo William Penn, el movimiento no resistente intentó crear una sociedad en la que la gente pudiera vivir en paz y armonía, sin que ningún agente militar, policial o elemento coercitivo dictara cómo la gente debía obrar.

La idea de que la humanidad podría convivir sin medidas coercitivas para asegurarse de que los ciudadanos siguieran las reglas ha estado presente durante miles de años. En el 2020, los grupos de defensa han jugado con la idea de que los ciudadanos pueden vivir sin que la policía haga cumplir las leyes y han pedido que los departamentos de policía sean desfinanciados o tal vez incluso abolidos abiertamente. Pero tales planes rara vez, si es que alguna vez, tienen éxito.

Sin embargo, para estas comunas cuáqueras, el objetivo era simplemente tener una vida basada en los principios del Nuevo Testamento y confiar en que otros cuáqueros participaran en este experimento para mantenerse dentro de los límites de la decencia común. Estos asentamientos comenzaron a aparecer por todo el lugar a lo largo de la década de 1840. Como se puede ver, la primera mitad del siglo XIX resultó ser un tiempo de mucha experimentación y ajuste para los cuáqueros.

Capítulo 8: Los cuáqueros de la guerra civil y sus secuelas

En la región más interna y central de nuestras mentes brilla un rayo puro de luz directo desde el trono mismo de Dios que pertenece a cada uno individualmente. El rayo que brilla desde el lado celestial de la conciencia, esclarecedor y purificador, debe dominar todo el ser.

–Caroline Stephen

Los cuáqueros fueron sin duda unos de los defensores más proactivos para el fin de la esclavitud en el período previo a la guerra civil estadounidense. Además también estuvieron bastante ocupados defendiendo la causa de la igualdad entre los sexos, el trato justo de los nativos americanos y el establecimiento de sistemas carcelarios más humanos para los presos, entre otras cosas.

Sin embargo, por muy progresistas que pudieran haber sido la mayoría, eran un grupo complicado y no siempre uniforme en su marcha por la justicia. Como se mencionó anteriormente en este libro, no todos los cuáqueros apoyaron la liberación de los esclavos; de hecho, algunos se beneficiaron de esta práctica. Pero había muchos abolicionistas profundamente sinceros entre los cuáqueros que abandonaron su fe para perseguir más eficazmente la abolición.

Este segmento a menudo se sentía contrariado por lo sentía que era conveniente para la religión y lo que sabía que era más beneficioso para atajar los problemas de justicia social de la época.

Una cuáquera de nombre Amy Kirby Post se encontró en esta posición. Kirby provenía de Long Island y creció escuchando a Elias Hicks y los *hicksites*. Se convirtió en una habitual de sus reuniones a finales de la década de 1820 y lo seguiría siendo durante las siguientes dos décadas. En la década de 1840, sin embargo, comenzó a retirarse de los *hicksites*, que rehuyeron el mundo, y comenzó a tomar una posición audaz contra lo que ella veía como los males de la humanidad.

Post todavía creía en los principios cuáqueros fundamentales; solo trató de canalizarlos a través de un enfoque más activista para corregir los errores de la sociedad. Esta fórmula llevaría a Post a ayudar a formar una rama de la Sociedad de Amigos, conocida como los Amigos Congregacionales, que se formó en 1848. Este grupo luego se transformaría en los Amigos Progresistas antes de finalmente pasar a convertirse en los Amigos del Progreso Humano.

Los involucrados en esta organización se centraron plenamente en la igualdad racial y de género a lo largo de la década de 1850, antes de la guerra civil estadounidense, que comenzó en 1861. Amy Post era un personaje interesante. Aunque era considerada una cuáquera progresista, también tenía un lado profundamente espiritual. Organizaba sesiones de espiritismo en su residencia en Rochester, Nueva York.

A primera vista, la fe cuáquera y los movimiento espiritistas pueden parecer extraños compañeros, pero las ideologías se funden entre ciertos círculos cuáqueros. Después de todo, tanto los cuáqueros como los espiritistas celebraba reuniones en las que se sentaban en silencio hasta que las fuerzas sobrenaturales los movían a hablar, escribir, cantar o actuar de otra manera. Por supuesto, la gran diferencia era que los cuáqueros creían que estaban siendo impulsados por el espíritu de Dios, mientras que los espiritistas pensaban que estaban canalizando espíritus desencarnados.

En cualquier caso, Amy Post estaba tan dedicada a forjar su propio camino en el mundo de los espíritus como a encontrar justicia en el ámbito físico. Parece que para una cuáquera como Post, la Sociedad de Amigos solo se movilizaba para corregir los errores de Estados Unidos y ella quería ir más allá, lo que la llevó a adoptar mezclas más progresistas. Los cuáqueros más tradicionales pensaron que había llevado las cosas demasiado lejos y la casa de reuniones local a la que asistía en Rochester, Nueva York, la reprendió por ser «demasiado mundana» debido a su participación activa en el movimiento de abolición. Mundanal o no, Post siguió adelante.

Una de las maneras más efectivas que encontró para seguir con el cambio fue involucrarse en el llamado Ferrocarril subterráneo. Como ya dijimos anteriormente, se trataba de una ruta clandestina que los esclavos tomaban cuando trataban de escapar de las plantaciones del sur a la libertad del norte. En realidad no tenía nada que ver con los trenes y ferrocarriles, era simplemente una ruta terrestre en la que había *estaciones*, en las que los esclavos se detenían para descansar.

Estas *estaciones* eran en realidad casas seguras designadas en secreto, donde los abolicionistas acogían a los esclavos fugitivos y les daban comida, refugio y suministros antes de regresar a su viaje hacia el norte. Amy Post y su esposo, Isaac, mantuvieron una estación en el ferrocarril subterráneo y resguardaron personalmente a muchos esclavos durante su éxodo a la libertad. Otro cuáquero que era famoso por conducir esclavos fugitivos al norte durante este período fue Levi Coffin, cuya casa en Newport, Indiana, era una parada importante en el Ferrocarril subterráneo.

Coffin era una figura tan integral de este subterfugio que a veces era conocido como el presidente del Ferrocarril subterráneo" El propio Coffin estimó que ayudaba a unos cien esclavos al año durante la operación de su estación en el ferrocarril. También se destacó por su cordial relación con la comunidad afroamericana liberada que vivía en Newport y sus alrededores. Coffin consultaba y organizaba regularmente esfuerzos para ayudar a más esclavos fugitivos con esta comunidad. Trató a sus vecinos negros liberados como sus amigos y los convirtió en parte de sus operaciones.

Lamentablemente, Coffin era solo una excepción. Muchos de los cuáqueros, incluso aquellos que participaron en el movimiento de abolición, consideraron la segregación como un componente necesario de la vida. Esto obviamente se podía ver durante los servicios cuáqueros. Si a los afroamericanos se les permitía asistir, casi siempre se les colocaba en bancos segregados, y estos bancos separados se usaban con bastante rectitud. Un activista cuáquero fue reprendido duramente por un pastor en Filadelfia simplemente por sentarse en la sección para afroamericanos de la casa de reuniones.

Sin embargo, a pesar de tales prejuicios internos, los cuáqueros rechazaron firmemente la esclavitud en su conjunto. Y en la década de 1850, este principio era casi universal entre los cuáqueros. Se mantuvieron firmes en esto, incluso cuando la fe se fracturó en cada vez más sectas, ya que fue alrededor de esta época que los cuáqueros ortodoxos se dividieron en lo que se conocería como los *gurneyites* y los *gilburites*.

El origen de esta división se debió a un cuáquero británico llamado Joseph John Gurney. Gurney provenía de un entorno próspero y tenía fuertes lazos familiares con la fe cuáquera; incluso contaba con el líder cuáquero Robert Barclay entre sus antepasados. Gurney era un gran orador, un excelente erudito, y bastante talentoso en discutir los puntos más delicados de lo que significaba ser un cuáquero. También fue un apasionado abolicionista e involucró a la base cuáquera en este frente también.

Además de todo esto, Gurney fue un defensor de lo que se conocía como «adoración no programada». Esto se refería a un servicio de adoración que no seguía ninguna rutina o programa en particular. Los miembros simplemente llegaban a la casa de reuniones y hacían lo que el espíritu los movía a hacer. Algunos cantaban, otros rezaban, otros hablaban, pero la mayor parte del tiempo, simplemente se sentaban en silencio y escuchaban esa voz pequeña que sabían que era de Dios.

En 1837, John Gurney llegó a difundir su mensaje a los Estados Unidos, captando a muchos seguidores en el proceso. Y en 1840, ganó a su mayor crítico, un pastor cuáquero de Rhode Island, llamado John Wilbur.

Una de sus principales quejas fue el hecho de que Gurney y sus seguidores dependían en gran medida de las Escrituras. Hay que tener en cuenta con cierta ironía que estos cuáqueros ortodoxos estaban angustiados porque Gurney puso demasiado énfasis en las Escrituras, mientras que un par de décadas antes, los cuáqueros ortodoxos estaban enojados con Hicks por hacer justo lo contrario. Los *gurneyites*, al parecer, buscaron un medio eficaz de no dar demasiada importancia a las Escrituras, pero sin negar su importancia abiertamente, como Hicks parecía estar a punto de hacer.

En cualquier caso, los cuáqueros estaban aún más divididos ideológicamente en el momento de las elecciones presidenciales de 1860, una contienda en la que los políticos abolicionistas republicanos querían ganar el voto cuáquero. A pesar de que los cuáqueros estaban separados sobre la doctrina interna, había un acuerdo casi unánime de que la esclavitud debía terminar. La posterior elección de Abraham Lincoln en noviembre, que cortejó activamente el voto cuáquero, llevaría a varios estados del sur a separarse de la Unión.

Aunque la elección de Lincoln provocó que los estados del sur se rebelaran, el período previo a la guerra civil fue una década delicada. Y si un evento precipitaba la guerra civil tendría que ser la atroz. Algunos opinan que la guerra se desencadenó por la nefasta incursión de John Brown en Harper's Ferry. John Brown era un abolicionista radical que creía que la esclavitud tenía que ser pisoteada a cualquier costa, incluso si eso significaba tomar medidas violentas.

Incluso antes de que Brown lanzara su incursión en Harper's Ferry, que causaría varios muertos y heridos, ya había asesinado al menos a cinco personas a sangre fría en Kansas, supuestamente en represalia por el acoso llevado a cabo contra los abolicionistas allí. Sorprendentemente, para un grupo que estaba en contra de la no violencia, hay bastantes miembros de la Sociedad de Amigos que no solo aprobaron las acciones de John Brown, sino que también las aplaudieron.

Tal vez los más notables fueron los comentarios de Levi Coffin, un incondicional abolicionista y conductor cuáquero del Ferrocarril subterráneo. En el momento de la incursión en Harper's Ferry, Coffin declaró su creencia de que el asesino condenado, John Brown, había sido «un instrumento en manos del Todopoderoso para comenzar la gran obra de liberación de los oprimidos». Mientras pudieran quedarse al margen, los cuáqueros apoyaron a personas tan radicales como John Brown si se trataba de abolir la esclavitud.

Sin embargo, cuando la guerra civil estalló en serio, los cuáqueros tuvieron que enfrentarse a una decisión que afectaba a sus principios, usar armas o no hacerlo. Los cuáqueros del norte fueron reclutados el Ejército de la Unión para enfrentarse a los confederados en el sur. Solo en el estado de Indiana, se estima que alrededor del 25 por ciento de los cuáqueros se alistaron para servir. Esto significaba que los cuáqueros tenían que decidir si mantenerse firmes en su compromiso con la no violencia o dejar temporalmente a un lado su pacifismo para participar en una lucha que casi todos los cuáqueros consideraban justa.

Por primera vez en la historia de esta religión, muchos líderes cuáqueros permitieron silenciosamente a sus jóvenes tomar las armas y unirse al ejército. Un cuáquero llamado Daniel Wooton fue uno de los que asumió la acusación. Wooten describió el sentimiento en ese momento, diciendo: «Todos sabemos que la Biblia dice que no matarás, pero ¿qué vamos a hacer con aquellas personas que se rebelan contra la ley de nuestro país? ¿Se sentó Dios y dejó que el diablo tomara el asiento más alto del cielo cuando causó la rebelión allí? ¡No señor!».

Cuáqueros como Daniel Wooten estaban listos para luchar, y sentían que la causa era suficiente para que Dios estuviera de su lado. Esta fue una opinión que fue secundada por personas como el capitán Benjamin Nields, un cuáquero que dirigió la unidad la primera unidad de artillería ligera de Delaware, con varios cuáqueros bajo sus órdenes. Pero fue la cuarta brigada de Delaware, la que contaría con uno de los soldados cuáqueros más notables.

Su nombre era Henry Gawthrop, y al estallar la guerra, se alistó con la cuarta infantería voluntaria del regimiento de Delaware. Esta brigada fue puesta en acción por el coronel de la Unión Arthur H. Grimshaw en 1862. Para principios de 1864, Henry Gawthrop y su compañía fueron enviados a la primera línea. Durante su tiempo en la cuarta infantería de Delaware, Gawthrop tuvo que enfrentarse directamente a los horrores de la guerra y lo que significaba para su fe cuáquera.

Después de sobrevivir a una escaramuza temprana, Henry escribió a casa para contar a su familia todos los detalles:

Hemos estado bajo fuego en piquete y en las trincheras desde las nueve de la mañana de ayer, momento en el que nos marchamos de nuestro campamento de la noche anterior y tomamos posesión de la segunda línea de maniobras. Fuimos disparados por tiradores, pero nadie resultó herido excepto la soldado Ruth, pionera de Co H, que resultó herida en el pecho derecho. Por la noche los rebeldes se abrieron sobre nosotros desde sus baterías y tuvimos nuestra primera experiencia de bombardeos, y puedo decir que fue lo más difícil de mi vida. La artillería del cielo caís al mismo tiempo que la lluvia. Más tarde fuimos atacados más por la derecha. A medida que avanzamos en la fila a través del bosque, los rebeldes se abrieron sobre nosotros y lanzamos munición de volea. Nuestro fuego atrajo el de su artillería y a sus tiradores. Pasamos una noche miserable sin descanso. Hubo un fuego constante de los rebeldes a través del bosque, con la lluvia cayendo sobre nosotros.

Aquí, Henry destaca el temor incesante de la batalla abierta. El enemigo estaba acampado justo «al otro lado del bosque» y estaba disparando intermitentemente a través de la lluvia. A pesar de las dificultades, Henry todavía miraba hacia Dios, comparando el trueno y el rayo que escuchaba a lo lejos con «la artillería del cielo».

Henry Gawthrop pasó bastante de su servicio en la Unión. Se lesionó varias veces y terminaron amputándole uno de sus pies. Pero incluso a través de todo este trauma, estaba agradecido porque todavía no había roto la regla cardinal. Según él nunca mató a nadie.

El propio Henry lo describió así:

Estuve en gran peligro: me hirieron tres veces, me tiraron del caballo, tuve una herida de bala y dispararon sobre objetos cerca de mí. Estas experiencias me provocaron aversión a las armas de fuego. Pero excepto disparar a una marca o a las nuevas armas de carga, no hice uso de armas de fuego. Creo que nunca he matado nada más grande que una rata en mi vida y me alegro de esto, aunque, por supuesto, compartí plenamente la responsabilidad de lo sucedido. Fue todo un éxito como objetivo. Rara vez tuve ningún sentimiento en contra de nuestros oponentes y creo que ocurrió lo mismo con mis camaradas. Cada vez que se ofreció oportunidad en los piquetes, establecimos relaciones amistosas, aunque era una práctica peligrosa, ya que alguien más arriba podría matarnos sin el debido aviso.

Se suponía que los cuáqueros rehuían y aborrecían la guerra, y parece que la experiencia real del conflicto armado solo hizo que Gawthrop detestara la práctica aún más. Es difícil creer que ninguna de las balas que disparó mientras servía en la Unión matara a nadie, pero esto es lo que Henry Gawthrop mantuvo. Participó en todos los movimientos y ocupó varios cargos, sin embargo, sus balas nunca mataron nada «más grande que una rata». Tal vez esto fue un milagro en sí mismo, ya que permitió a Henry participar en la lucha y mantener su conciencia limpia.

Puede haber funcionado para Henry, pero otros se mantendrían firmes en su postura no violenta y buscarían una manera de evitar el llamado general a las armas que la Unión había hecho.

Afortunadamente para aquellos en este último campamento, el presidente Abraham Lincoln estaba dispuesto a acomodar a los objetores de conciencia. A diferencia de la guerra de independencia estadounidense, cuando los cuáqueros a veces fueron encarcelados por su negativa a participar en las acciones bélicas, Lincoln reconoció las objeciones religiosas a los combates e hizo una excepción para ellos. Este es el primer caso conocido de objetores de conciencia que se aceptan durante la guerra.

Aunque no era cuáquero, Lincoln simpatizaba con sus puntos de vista sobre la igualdad. Lincoln valoró el sentimiento abolicionista de los cuáqueros y sus votos, ya que sabía que un fuerte bloque de votantes cuáqueros en Pensilvania había sido crucial para él para ganar el estado durante las elecciones de 1860. Lincoln sabía que los cuáqueros eran estrictos con las libertades que predicaban.

Antes de su toma de posesión como presidente de los Estados Unidos en 1861, Lincoln citó la Declaración de Independencia como su brújula cuando se trataba de la libertad inherente en cualquier hombre. Este documento declaraba que todos los hombres fueron creados iguales, aunque la guerra civil tardó en reconocer ese credo, no benefició a todos los ciudadanos de la misma manera. Lincoln afirmó que «nunca tuvo un sentimiento político que no surgiera de la Declaración de Independencia, y que dio libertad no solo a la gente de este gran país, sino esperanza a todo el mundo para el futuro».

El presidente electo Lincoln, lleno de pasión y convicción, hizo entonces una predicción ominosa declarando: «Si este país no puede ser salvado sin renunciar a ese principio, preferiría ser asesinado en este lugar». Como la historia puede atestiguar, Lincoln murió por sus principios al ser disparado por el radical John Wilkes Booth en1865.

La guerra civil llegó a su fin el 9 de abril de 1865, cuando el general confederado Robert E. Lee firmó la rendición del Ejército confederado al presidente de la Unión, Ulises S. Grant. Apesar de que este era el final oficial de la guerra, las hostilidades persistieron, como se evidenció tan trágicamente cuando Abraham Lincoln fue alcanzado por la bala de un asesino solo cinco días después, en la noche del 14 de abril.

Lincoln sufrió lesiones mortales, pero se aferró a la vida antes de fallecer finalmente durante la mañana del 15 de abril de 1865. Gran parte de la nación entró en un estado de shock y luto por las noticias, especialmente los cuáqueros. Después de todo, los habían logrado la abolición de la esclavitud a través de Lincoln, algo por lo que habían luchado tanto.

Los cuáqueros habían sido abolicionistas acérrimos durante tanto tiempo que una vez que se logró el fin de la esclavitud, muchos se preguntaron cuál debía ser su siguiente causa. No les llevó mucho tiempo encontrarla. Solo unos años después de la guerra, en 1869, Ulysses S. Grant encargó a un grupo de *hicksites* que participaran en «trabajo humanitario» con los nativos americanos. Francis T. King, un notable cuáquero, dirigió los esfuerzos a desarrollar los sistemas educativos de Carolina del Norte. King y la asociación de Baltimore establecieron escuelas públicas en la región para afroamericanos recientemente liberados y residentes europeos estadounidenses. Se dice que escuelas cuáqueras como esta fueron utilizadas como modelo para muchas de las escuelas públicas de todo el país.

Laura Haviland fue otra cuáquera que jugó un papel prominente ayudando a los esclavos liberados que fueron convertidos en refugiados debido a la promesa de «40 acres (16 hectáreas) y una mula». Se dictó que algunas familias liberadas podían poseer tierras e iniciar su reforma agraria. Estos hombres y mujeres emigraron hasta Ohio, Indiana e Illinois en busca de comida y refugio. Laura se aseguró de que los cuáqueros estuvieran allí para conocerlos. Solo en Illinois, ella logró ayudar a decenas de miles de afroamericanos recién liberados. A pesar de que llegaron sin dinero, la mayoría logró ser autosuficiente gracias a esta ayuda. Otro afín a la causa fue Havilan, que trabajó en la Oficina de Ayuda de Hombres Libres en Washington DC, donde dirigió talleres educativos para afroamericanos recién liberados.

La nación cambió mucho después del final de la guerra civil americana, y los cuáqueros también vivieron esa transformación. La guerra tuvo el efecto de revisar la fe y hacer que los líderes cuáqueros reconsideraran lo que antes creían una infracción excomulgable entre sus miembros.

Esto se debió en gran parte a los muchos jóvenes que habían roto la regla cardinal de aferrarse a la no violencia para que pudieran luchar en la guerra. Anteriormente, tales cosas habrían llevado a su expulsión de la iglesia, pero después de la guerra, la mayoría de las casas de reuniones cuáqueras recibieron a los jóvenes de vuelta con los brazos abiertos y sin preguntas. Esta aparente voluntad de modificar las reglas conduciría a una relajación general.

Algo más notable fue incluso el hecho de que se permitió a los cuáqueros casarse con personas practicantes de otra fe. Durante los últimos dos siglos, esta práctica era juzgada con severidad. Con este cambio comenzaron a convertirse en un miembro ampliamente aceptado de las denominaciones protestantes de corriente principal. Como tal, las antiguas casas de reuniones cuáqueras comenzaron a parecerse cada vez más a las iglesias tradicionales. Después de la guerra civil, los cuáqueros, que normalmente habían permanecido en los márgenes del cristianismo, comenzaron a transformarse en la organización moderna por la que son conocidos hoy en día.

Sin embargo, con la abolición de la esclavitud, los cuáqueros habían perdido el principal factor unificador que había unido a todas sus facciones. Ahora tenían que encontrar otras formas de generar un cambio social.

Capítulo 9: Movimientos modernos en ciernes

Hay algo de Dios en cada hombre, vamos a afirmarlo más ciertamente que nunca. Pero rodeados de millones de tumbas nuevas y con las voces de los hambrientos y los desposeídos en nuestros oídos, no aceptemos fácilmente la impura esperanza de que la bondad natural de nosotros mismos es suficiente para crear un mundo mejor.

Gilbert H. Kilpack

La primera década del siglo XX fue quizás una de las más activas para los cuáqueros. Durante este tiempo, se podía ver a *wilburites*, *hicksites* y *gurneyites* celebrando reuniones regulares para lograr la unidad de todos los cuáqueros. Fue durante este período cuando los *wilburites* comenzaron a ser conocidos como los Amigos Conservadores.

Como su nombre podría implicar, esta secta de cuáqueros era la más tradicional. En 1913, este grupo proclamó su Declaración doctrinal común. Se hicieron conocidos por su insistencia en evitar todo «simbolismo religioso», como la comunión y todas las formas de bautismo de agua. La gente asistía principalmente a reuniones en casas de reuniones rurales, pero comenzaron a declinar y nunca se recuperarían del todo.

La rama *hicksita* a principios del siglo XX cambio el nombre en honor Hicksite y se llamaron Conferencia General de Amigos, o simplemente CGA para abreviar. A pesar del cambio de nombre, el número de miembros comenzó a declinar. Se estima que en 1900, solo quedaban unos 17.000 miembros. Esta cifra no era alentadora, y en 1919, la tendencia a la baja fue aún más pronunciada. Las reuniones en Illinois, Indiana y Nueva York solo congregaban a unos pocos cientos de personas.

Una ciudad poco conocida al norte de Indianápolis, llamada Westfield, se convirtió en una especie de punto caliente cuáquero. Ubicada en medio de campos de maíz y caminos rurales, Westfield, Indiana, fue el Seminario bíblico de la unión. Este seminario se involucró activamente en misiones en el extranjero, y en 1919 visitó Bolivia.

Sin embargo, un cambio comenzó a tener lugar a finales de la década de 1920, con reuniones de *hicksites* más grandes (CGA) emergiendo en las principales áreas urbanas, como Ithaca, Nueva York, y Cleveland, Ohio. Con estos nuevos centros urbanos lograron ganar adeptos durante las siguientes dos décadas.

Los *gurneyites* inicialmente no estaban muy bien organizados y continuaron teniendo problemas para unir su base. Durante el siglo XX, gran parte de esta base en realidad se centró alrededor de Richmond, Indiana. Con el tiempo, se unieron y se convirtieron en grandes misioneros, llevando la doctrina cuáquera tan lejos como Kenia, India, China e incluso Alaska. En Kenia consiguieron el legado más duradero. Kenia, hasta el día de hoy, tiene más cuáqueros que en cualquier otro lugar fuera de los Estados Unidos.

En el siglo XX los cuáqueros casi universalmente se aferraron a sus principios cuando se trataba de actos violentos, negándose a participar en la Primera Guerra Mundial o en la Segunda Guerra Mundial si eso significaba que tenían que quitarse la vida a la de otro ser humano. Esto no significa que los cuáqueros no estuvieran involucrados en las guerras. Mientras que algunos fueron objetores de conciencia absoluta, otros participaron en los conflictos en funciones de asistencia, convirtiéndose en médicos o conductores de ambulancias. Los cuáqueros británicos racionalizaron aún más este servicio mediante la creación de su propio servicio de ambulancias, al que llamaron Unidad de Ambulancias de Amigos.

Esto funcionó lo suficientemente bien para la mayoría, pero para aquellos que se consideraban a sí mismos como los llamados «objetores de conciencia absolutista», incluso participar en este servicio era un error. Para los absolutistas, la guerra era una empresa de todo o nada, y o estabas ayudando al esfuerzo de la guerra o no lo hacías. Para ellos, conducir una ambulancia para los aliados era tan malo como coger un arma, ya que se estaba ayudando a la causa de la guerra en general.

Un británico llamado Wilfrid Littleboy fue uno de estos objetores de conciencia absolutista. Tan pronto como comenzó la guerra, se aferró a sus principios cuáqueros y se negó a participar en el esfuerzo bélico. No sabía qué le pasaría o qué tipo de castigo podría recibir por eludir las órdenes, pero no podía comprometer sus valores.

Inicialmente, los funcionarios fueron flexibles con Wilfrid, y en su primera audiencia, que fue presidida por nada menos que el futuro primer ministro Neville Chamberlain, se le dio una amplia gama de opciones no relacionadas con el combate. Wilfrid calificaría a Neville de bastante amable, considerado y complaciente. La reunión terminó con Neville Chamberlain simplemente pidiéndole que «lo pensara».

Pero en la segunda audiencia de Wilfrid, los que se reunieron con él no fueron tan amables. Neville Chamberlain se había ido, y en su lugar había un oficial presidente que tomó un tono serio desde el principio. Este hombre no tenía ni el respeto ni la paciencia para escuchar sus creencias cuáqueras, y en su lugar lamentó que el joven no optara por ninguno de los papeles de no combate que se le habían ofrecido.

Wilfrid fue una vez más llamado a adherirse al Cuerpo no combatiente. Sin embargo, no tenía intención de hacerlo. Él sabía que podía ser llevado a la cárcel por no presentarse a su deber y dijo: «Uno casi se acostumbra al hecho de que puedes ir a la ciudad un día y ser arrestado sin ninguna advertencia».

Ese día llegó en 1916 cuando Wilfrid fue a una reunión cuáquera una noche y se encontró a la policía esperando a que saliera. La policía le informó de que tendría que presentarse ante el tribunal y responder por su evasión de servicio. Asistió fielmente a la audiencia al día siguiente y luego fue puesto rápidamente bajo custodia militar.

Las autoridades militares básicamente trataron de obligar a Wilfrid a alistarse. Le dieron un uniforme de soldado y le ordenaron que se lo pusiera. Él se negó, y al hacerlo, fue inmediatamente juzgad. Pasó de objetor de conciencia a recluso y fue enviado a una cárcel militar simplemente por no querer participar en la guerra.

Wilfrid permanecería encarcelado durante la guerra. La Primera Guerra Mundial llegó a su fin el 11 de noviembre de 1918, pero él no sería liberado hasta el año siguiente, en 1919. No guardó rencor por su internamiento, y tras su liberación, volvió al trabajo inmediatamente y regresó a la casa de reuniones cuáquera. Su experiencia fue bastante similar a la de otros muchos objetores de conciencia.

Después de que la guerra hubiera terminado, los cuáqueros prestaron sus servicios a los alemanes que necesitaban ayuda tal como lo harían con sus propios compatriotas. Mientras los alemanes luchaban bajo una economía en bancarrota y quebrada, ellos se apresuraron a prestar ayuda a través del suministro de alimentos y cualquier otra cosa que pudieran reunir.

La Segunda Guerra Mundial sería la más crucial para ellos, ya que reunió los cuáqueros de todo el mundo forjando lazos que se habían roto. Fue esta solidaridad en tiempos de guerra lo que provocó el Comité Mundial de Consulta de Amigos.

Los cuáqueros durante la Segunda Guerra Mundial proporcionaron apoyo tanto a las tropas como a los civiles. Pero los más heroicos estaban detrás de las líneas enemigas. Tanto en Alemania como en Italia, los cuáqueros estuvieron presentes sobre el terreno ayudando a los civiles, incluso bajo la amenaza de ser arrestados y enviados a un campo de concentración. A pesar de estas terribles repercusiones, se negaron a quedarse de brazos cruzados mientras otros sufrían.

De hecho, los cuáqueros jugaron un papel vital en rescatar a los judíos que iban a ser enviados a campos de exterminio. En lo que era esencialmente una réplica de su Ferrocarril subterráneo en Europa Occidental, los cuáqueros crearon una serie de casas seguras que les permitieron conducir a los refugiados judíos a la libertad, con muchos de sus cargos buscando asilo en Estados Unidos y Gran Bretaña. Los esfuerzos llevaron a las ramas cuáqueras del comité de Servicio de Amigos Estadounidenses y al consejo de Servicio de Amigos Británicos a recibir un Premio Nobel de la Paz después de la guerra.

Poco después de la Segunda Guerra Mundial, en 1947, otra rama cuáquera se sumó a la corriente principal y sería conocida como la asociación de Amigos Evangélicos.

Ese mismo año, un prominente cuáquero llamado Clarence Picket anunció en una conferencia que las tensiones entre la Unión Soviética y Estados Unidos se habían vuelto tan peligrosas que los cuáqueros deberían hacer lo que pudieran para detener la agresión. Así que, en vísperas de la Guerra Fría, los cuáqueros decidieron involucrarse más políticamente que nunca.

De hecho, un entonces joven Richard Nixon llegaría a la fama auspiciado por este cuáquero. Aunque no muchos son conscientes de ello, Nixon, a menudo despreciado por sus acciones en el Watergate, era cuáquero. Nixon comenzó su vida en Yorba Linda, California, donde creció como un miembro de esta secta a lo largo de las décadas de 1920 y 1930. Nixon fundó el Whittier College en 1933, nombrado en honor a un famoso abolicionista cuáquero John Greenleaf Whittier.

El vicepresidente Richard Nixon discutió el triste estado de las relaciones raciales de Estados Unidos en la década de 1950 con Martin Luther King Jr., lamentando cómo las disparidades raciales en el país eran absolutamente devastadoras para la reputación de la nación en el extranjero. ¿Cómo podría Estados Unidos promocionarse como el líder del mundo libre y una mejor alternativa a la Rusia comunista si no todos en Estados Unidos tenían los mismos derechos?

Martin Luther King aparentemente estaba convencido de la sinceridad de Nixon, y se fue con una visión favorable del político cuáquero. Martin Luther King más tarde diría: «Nixon resulta ser un cuáquero y hay muy pocos cuáqueros que tienen prejuicios [sic] desde el punto de vista racial».

Otros más tarde sostendrían que Nixon era simplemente un buen actor y que a menudo era capaz de manipular sus conversaciones lo suficientemente bien como actuar según requería el momento. Y dado que los republicanos de la década de 1950 apoyaban activamente el naciente movimiento de los Derechos Civiles, algunos dirían que Nixon simplemente estaba tratando ganarse la simpatía de todos. Pero sin embargo, cuando Nixon habló de sus valores cuáqueros cuando se trataba de igualdad, Martin Luther King creyó que fue sincero.

Luther King Jr. King estuvo realmente muy involucrado con organizaciones cuáqueras a lo largo de las décadas de 1950 y 1960. Su relación se remonta a 1955, el año en que Rosa Parks defendió sus derechos al negarse a ponerse de pie cuando un mecenas blanco quería su asiento. Este evento condujo a boicots generalizados de autobuses en Montgomery, Alabama, que fueron dirigidos por King. Los cuáqueros se enteraron de estos acontecimientos y comenzaron a debatir si se trataba de una cuestión social en la que debían involucrarse. En la primavera de 1956, el movimiento de los Derechos Civiles fue un tema de intensa discusión en la reunión anual de Filadelfia.

Los cuáqueros finalmente fueron movidos a la acción después de King accediera a enviar a un grupo de ellos a Alabama. Estos cuáqueros trabajaron en una misión de investigación para determinar lo que estaba sucediendo en el terreno. Pronto vieron de primera mano la opresión a la que se enfrentaban los afroamericanos. Al mismo tiempo, quedaron muy impresionados por la resistencia hábil y no violenta que Martin Luther King Jr. dirigió.

Alrededor del momento en que Nixon se postuló por primera vez a la presidencia en 1960, los cuáqueros previeron su próximo gran aumento en el crecimiento, lo que conduciría a la formación de la Alianza de Amigos Evangélicos. Este movimiento llevaría a la fundación de varias iglesias más en lugares como Yorba Linda, California, así como Ohio, Virginia, Carolina del Norte y Florida.

A medida que la guerra se fraguaba en un lugar poco conocido llamado Vietnam en la década de 1960, los cuáqueros entraron en una nueva y decisiva fase de activismo, en la que se atrevieron a desafiar a su propio gobierno con el fin de ayudar a los vietnamitas. La guerra de Vietnam fue un asunto complicado desde el principio. Vietnam había sido anteriormente una colonia francesa, pero después de que los franceses habían sido atacados por los japoneses durante la Segunda Guerra Mundial, los vietnamitas trataron de establecer su propia independencia.

No estaban dispuestos a renunciar a su libertad y, en su lucha, cometieron el error de abrazar la ideología comunista como la vía para su liberación. Esto provocó la ira del gobierno de los Estados

Unidos, que era cada vez más cauteloso con la propagación del comunismo durante la Guerra Fría. Así que, después de que los franceses ensangrentados y golpeados se rindieron y se retiraron de Vietnam, Estados Unidos intervino a la derecha, con el fin de evitar una toma comunista del sudeste asiático.

Estados Unidos apoyó a un gobierno procapitalista en Vietnam del Sur y los ayudó activamente en su lucha contra los comunistas de Vietnam del Norte. Cuando los vietnamitas del Sur estaban al borde de la derrota, los estadounidenses decidieron intervenir directamente. Esta guerra condujo a resultados trágicos. Cuando aviones de guerra estadounidenses comenzaron a bombardear las tropas norvietnamitas quemaron aldeas, tratando de poner fin al avance comunista.

Esta carnicería inspiró a los cuáqueros a ir contra su propio país y ayudar a civiles vietnamitas sobre el terreno. La Asociación de Amigos envió por correo paquetes de socorro a Vietnam del Norte en 1966. Sin embargo, los esfuerzos fueron detenidos por la oficina de correos, que se negó a entregar ayuda a un combatiente enemigo de los Estados Unidos. Los cuáqueros también intentaron enviar ayuda en forma de dinero a través de la Cruz Roja ubicada en Vietnam del Norte, pero también fue confiscado por funcionarios del gobierno estadounidense antes de que los norvietnamitas pudieran usarlo.

Si eso no fuera suficiente para asegurarse de que esos cuáqueros problemáticos supieran que el gobierno federal no estaba contento, fueron amenazados con una posible sentencia de diez años de prisión apoyándose en una vieja ley de 1917 llamada la Ley de Comercio con el Enemigo. La ley otorga la autoridad a un presidente estadounidense para procesar a cualquier persona que realice cualquier tipo de comercio con enemigos de los Estados Unidos.

No sería la primera vez que los cuáqueros eran vistos como enemigos y potenciales colaboradores comunistas. Cuando Richard Nixon fue vicepresidente de los Estados Unidos en la década de 1950 bajo la administración Eisenhower, alertó a sus asociados que creía que los comunistas estaban ganándose las simpatías de los grupos cuáqueros. Aunque el propio Richard Nixon era cuáquero, estaba listo ir contra ellos a pesar de sus creencias.

Sin embargo, incluso con la amenaza de cárcel, los cuáqueros no estaban dispuestos simplemente a rendirse, y en 1967, el grupo Acción Cuáquera tomó el audaz paso de enviar un yate cargado de suministros a Vietnam del Norte. El 22 de marzo de 1967, el yate zarpó y navegaría durante cinco días desde un enclave cuáquero en Hong Kong hasta territorio enemigo en Vietnam del Norte.

El capitán, antropólogo y explorador llamado Earle L.Reynolds sugirió que deberían estar armados en caso de que se metiera en problemas. Los cuáqueros, por supuesto, se negaron, citando sus creencias no violentas. Para este viaje no iban ir contra su principios usando armas; iban a poner toda su fe en Dios. Y la necesitarían. Porque tan pronto como atracaron en el golfo de Tonkin, fueron recibidos con una ráfaga de fuego de artillería.

Sin embargo, esta explosión de artillería no estaba destinada a ellos; era para aquellos que estaban al acecho en el cielos. Poco después, descubrirían que una nave de combate estadounidense acababa de ser derribada. La mayoría de los estadounidenses no apreciarían el hecho de que los cuáqueros estuvieran ayudando a los vietnamitas del norte, especialmente porque los estaban haciendo mientras se mataba a los estadounidenses. Pero los cuáqueros no cesarían en su ayuda incluso si no tenían el respaldo de la gente.

Los cuáqueros fueron bien recibidos por los norvietnamitas, que estaban agradecidos por los suministros médicos, así como por el gesto amable que representaba. Llevaron a los cuáqueros a dar un gran recorrido por sus terrenos, llevándolos a lujosos banquetes que habían sido preparados en su honor y visitaron a los vietnamitas enfermos y heridos en sus hospitales. Para cuando la noticia llegó a la prensa estadounidense, las reacciones fueron contradictorias y coincidieron con el sentimiento polarizado de la época.

A finales de la década de 1960, aproximadamente la mitad de los estadounidenses estaba en contra de la guerra, mientras que el resto todavía la consideraba una lucha necesaria contra el avance espeluznante del comunismo. Aquellos que estaban en contra de la guerra, previsiblemente, aplaudieron los esfuerzos de los cuáqueros. Por el contrario, aquellos que apoyaron la lucha contra los comunistas norvietnamitas consideraron que estaban «ayudando a los combatientes enemigos una seguir una farsa y era una traición abierta a toda la sangre que los Estados Unidos había derramado luchando contra ellos».

Los cuáqueros solo querían ayudar a la gente, y para demostrar que no estaban tomando partido en el conflicto, enviaron suministros a Vietnam del Sur en su próximo viaje. Sin embargo, estos vietnamitas no quisieron tener nada que ver con ellos y se negaron a dejar que el barco aterrizara. En un momento dado, incluso les amenazaron con artillería. Finalmente se vieron obligados a navegar a Hong Kong y enviar algunos de los suministros a través de carga anónima.

Los cuáqueros hicieron su último viaje a Vietnam en enero de 1968, esta vez regresando a Vietnam del Norte. Esta vez tuvieron éxito al dejar una vez más paquetes de ayuda médica. Pero debido a la intensificación de la ofensiva, tuvieron que hacer una escapada rápida para que los estadounidenses no «bombardearan el puerto hasta convertirlo en cenizas». Como era de esperar, tanto aquellos que estaban en contra de los esfuerzos de los cuáqueros como los que estaban a favor se sintieron horrorizados, llamándolos antipatrióticos en el mejor de los casos y traidores en peor.

En la década de 1970, la Sociedad de Amigos se adentraría en aguas políticas tal vez aún más tumultuosas cuando se involucraron el conflicto palestino-israelí. Aparentemente estaban al lado de los palestinos y exigieron que toda la ayuda estadounidense a Israel cesara. En 1973, durante la guerra de Yom Kippur, los cuáqueros presionaron para que Estados Unidos embargara las armas a Israel. Estados Unidos, por supuesto, no iba a hacer tal cosa.

Los cuáqueros eran persistentes y decidieron tomar cartas en el asunto. Abrieron una tienda en Israel y comenzaron a enviar abogados cuáqueros a cualquier palestino que fuera juzgado en tribunales israelíes. Continuaron su activismo a lo largo de la década de 1980, tomando regularmente una posición en contra de cosas tales como la proliferación nuclear y el apartheid de Sudáfrica, solo por nombrar un par de casos.

Tuvieron su mayor éxito en Sudáfrica. En los años 80, durante el apogeo de la resistencia al apartheid, los cuáqueros fundaron su Centro de Paz en Ciudad del Cabo con el fin de acoger a refugiados que habían sido expulsados por el régimen del apartheid. También prestaron mucha ayuda económica a los programas de comunidades negras del activista Steve Biko, así como a las industrias domésticas de Winnie Mandela para las mujeres negras.

El cuáquero más influyente en la lucha contra el apartheid en Sudáfrica fue Nozizwe Madlala-Routledge. Nozizwe lideró incesantemente las protestas por el fin del apartheid a lo largo de la década de 1980 y terminó en la cárcel por sus esfuerzos. Sin embargo, ella se elevaría por encima de la adversidad y se convertiría en una participante activa al final del apartheid. En 1999, cuando Nelson Mandela era presidente, Nozizwe fue nombrada ministra de Defensa. En este papel, Nozizwe asumió la tarea de crear conciencia sobre el mayor enemigo de Sudáfrica en ese momento: el SIDA. Encabezó un movimiento para alertar a la gente sobre la epidemia.

Mientras tanto, los cuáqueros en los Estados Unidos estaban ocupados con esfuerzos de socorro a lo largo de todo tipo de catástrofes y disturbios civiles, desde las protestas de Los Ángeles de 1992 hasta el huracán Katrina en 2005. Sus esfuerzos durante Katrina fueron particularmente memorables. Enviaron camiones llenos de alimentos y otros suministros muy necesarios para ayudar a los sobrevivientes del huracán. Al frente de este cargo estaba el Servicio de Desastres de Amigos (SDA). El SDA fue fundado en 1974 después de que un tornado golpeara la ciudad cuáquera de Xenia,

Ohio. Durante el huracán Katrina, el SDA fue crucial cuando se trataba de ayudar a aquellos que no eran capaces de ayudarse a sí mismos.

Y entró de nuevo en escena cuando un gran terremoto golpeó Haití. Allí, no solo suministraron alimentos y medicinas, sino que también desempeñaron un papel activo en la reconstrucción de gran parte de la infraestructura devastada. Quizá su mayor esfuerzo de socorro todavía se está desarrollando. Desde que la pandemia del COVID-19 estalló en la primavera de 2020, los cuáqueros han estado en primera línea, ayudando a luchar contra este terrible mal. Ellos han sido fundamentales en sus esfuerzos por enviar alimentos, suministros y equipos de protección personal a las zonas afectadas por el coronavirus. También recaudaron fondos sustanciales para ayudar a aquellos que se enfrentan al desalojo o necesitan un poco de dinero para la fianza para salir de las cárceles infestadas de COVID-19.

Los cuáqueros siempre han hecho todo lo posible para hacer del mundo un lugar mejor. Todavía hay quien duda sobre si siempre estuvieron en el lado correcto de la historia, pero al menos han mantenido la visión original de William Penn. «El bien es correcto, incluso si todo el mundo está en contra, y el mal está mal incluso si todo el mundo está a favor».

William Penn fue un hombre moldeado por sus experiencias reveladoras, y sabía que el amor divino que experimentó, si se aprovechaba correctamente, podía cambiar el mundo. Si utilizásemos la luz divina —el bien innato dentro de todos nosotros— nunca nos desviaríamos. A medida que nos remontamos a las palabras de William Penn hace tantos años, uno no puede evitar sentir que hay más crisis en ciernes.

Conclusión: El estado del cuáquero

La historia está llena de sectas religiosas que se separaron de la corriente religiosa principal para expresar nuevas verdades y ideas fundamentales a las masas. Después de todo, el cristianismo fue originalmente una rama del judaísmo que proclamó que había una nueva medida de salvación. Y de manera similar, George Fox tuvo una revelación de lo que significaba ser cristiano y cómo uno debía acercarse a Dios. Durante la época de los primeros cuáqueros, la Iglesia controlaba gran parte de la experiencia religiosa de los fieles, dictando cuándo llegar, dónde sentarse, qué cantar y qué orar.

Antes de la Reforma, a muchos ni siquiera se les permitía leer la Biblia por sí mismos, y se vieron obligados a escuchar las Escrituras solo a través de la interpretación de su sacerdote local o un pastor. Martin Luther, el líder de Reforma que sacudió a la Iglesia católica a principios de la década de 1600, se opuso al hecho de que el individuo no podía buscar a Dios bajo sus propios términos, sino más bien a través de la lente del clero.

George Fox y los cuáqueros llevaron esto mucho más lejos, y no solo decidieron que no necesitaban a un papa y a un montón de cardinales en la lejana Roma dictando su relación con Dios, sino que tampoco querían rituales, iconos o ceremonias. Los cuáqueros enseñaron que cada uno de nosotros tiene la luz interior de Dios dentro de nosotros, y para comulgar con Él, no necesitamos trozos de pan y vino. Solo tenemos que sentarnos en silencio y ponernos en sintonía con nuestra conciencia.

No todos estaban tan emocionados con esta nueva revelación. Algunos no estaban satisfechos con hechos como que la Biblia no era necesaria para la salvación. Incluso el propio Martín Luther King podría haberse opuesto a algunas de estas enseñanzas. Sin embargo, los cuáqueros creían que se habían topado con un secreto cósmico del que pocos otros se habían dado cuenta. Creían que la luz de Dios podía brillar en la humanidad si solo eran conscientes de que Dios no moraba en iglesias hechas de piedra, sino dentro de seres humanos hechos de carne.

Aquellos que llegaron a entender y apreciar esta enseñanza a menudo creían que habían sido alcanzados por un rayo de iluminación. Así se sintió William Penn hace tantos años cuando escuchó a un pobre y humilde viejo pastor cuáquero predicar en el castillo de su padre. Al escuchar las palabras de Thomas Loe, William Penn pensó que había descubierto el mayor secreto del universo. Dios no estaba en alguna dimensión lejana en alguna parte; él moraba profundamente dentro de nuestras almas y podía ser aprovechado en cualquier momento.

El concepto que desarrollaron los cuáqueros tuvo consecuencias sociales de largo alcance. Se dieron cuenta de que si todos tenían la luz interior de Dios dentro de ellos, eso debía significar que todos eran iguales a los ojos de Dios. Este concepto de igualdad ya estaba respaldado por las Escrituras. Después de todo, el apóstol san Pablo había declarado: «Porque todos vosotros sois hijos de Dios por la fe en Cristo Jesús. Porque tantos de vosotros han sido bautizados en Cristo. ¡No hay judío ni griego, no hay ni hombres ni mujeres: ¡porque todos somos uno en Cristo!».

Esta declaración de igualdad sale del Nuevo Testamento, pero para los cuáqueros, fue su experiencia reveladora con la luz divina dentro la que hizo que la igualdad de Dios fuera aún más real para ellos. Y una vez que llegaron a creerlo, les hizo valorar toda vida humana como preciosa. ¿Cómo podrían dañar a alguien que tenía la luz de Dios viviendo dentro de ellos? ¿Cómo se podría abusar, esclavizar o maltratar un recipiente en el que Dios trabaja? ¡Para ellos, sería como incendiar maliciosamente una iglesia o derribar un altar!

Este entendimiento llevó a los cuáqueros a rechazar el reconocimiento de rangos, títulos y distinciones. Esta gran visión de la igualdad guió a los cuáqueros a tratar a los demás con respeto. Esto se podía ver desde el principio, con los cuáqueros hablando a los nativos americanos con dignidad y denunciando la esclavitud siglos antes de que la mayoría de los otros cristianos se atrevieron a abordar el tema. Las fuertes convicciones y creencias de los cuáqueros los hicieron destacar, y fueron perseguidos desde el principio debido a ello.

Como pueden atestiguar los juicios y tribulaciones de un joven William Penn, incluso algo tan inocuo como no quitarse el sombrero de la cabeza podría meter a un cuáquero en la cárcel. Sin embargo, persistieron,

y cuanto más fueron perseguidos, más perseveraron. Tanto es así, que alguien como Penn, que había pasado tiempo en la temida Torre de Londres, más tarde sería el encargado de fundar la colonia americana de Pensilvania.

El propio William Penn no aprovechó esta gran inversión para hacer fortuna. Por el contrario, se aseguró de permanecer humilde y fiel a los principios del cuáquero durante el resto de sus días, ya que estaba decidido a dejar atrás un legado de valores cuáqueros mucho después de que abandonara este mundo. Todo lo que uno tiene que hacer es mirar una copia de la Constitución de los Estados Unidos para encontrar los valores de Penn de libertad de religión y libertad de expresión, ya que están consagrados en la Carta de Derechos de la nación.

La mayoría diría que un cuáquero como Penn era un verdadero visionario, pero William Penn probablemente admitiría humildemente que no fue su visión, sino la de Dios lo que le permitió crear una carta tan épica de derechos humanos en primer lugar. Y mientras nos aferremos al gran legado y principios que cuáqueros como William Penn la fe cuáquera se mantendrá previsiblemente igual en el futuro.

Vea más libros escritos por
Captivating History

Apéndice A: Más lecturas y referencias

Aquí hay una lista de algunos de los materiales de lectura y referencias que ayudaron a hacer posible este texto. Todas estas fuentes cubren una amplia variedad de la historia cuáquera. Siéntase libre de leerlos por su cuenta.

Amiga radical: Amy Kirby Post y sus mundos activistas. Nancy A. Hewitt

Las colonias cuáqueras. Sydney G. Fisher

Un oficial cuáquero en la guerra civil: Henry Gawthrop. Justin Carisio

Abraham Lincoln, los cuáqueros y la guerra civil: Una prueba de principios y fe. William C. Kashatus

La rica herencia del cuáquero. Walter R. Williams

Los cuáqueros en América. Thomas D. Hamm

La luz en sus conciencias: Cuáqueros tempranos en Gran Bretaña, 1646-1666. Rosemary Moore

Los cuáqueros, 1656-1723: La evolución de una comunidad alternativa. Richard C. Allen y Rosemary Moore

La vida de Hannah. Dawn G. Marsh

El primer encubrimiento de Nixon: La vida religiosa de un presidente cuáquero. H. Larry Ingle

Los mundos de William Penn. Andrew R. Murphy, John Smolenski

www.ingramcontent.com/pod-product-compliance
Lightning Source LLC
LaVergne TN
LVHW011849060526
838200LV00054B/4252